JN061471

SENSE

センスフル・ワーク

やりたいことと経済的自由を両立する生き方

FULL

言海祥太 著

かざひの文庫

WORK

はじめに

なぜ今、時代はセンスフルを求めているのか

仕事柄、たくさんの経営者や著者の方、インフルエンサーの著名人などにお会いしてきました。「成功者」といわれる人たちの0歳から今に至るまでの、いろいろなお話をヒアリングしてきたのです。

すると、多くの成功者が仕事で成功している一方、自分の好きなことや夢にも貪欲で、両方を謳歌しながら人生を楽しんでいることに気付きました。顧客ニーズに応えながらも、自分の心や魂が喜ぶことにも手を抜かない人ばかりだったのです。

私は次第に、やりたいことに力を注ぐことが、その方のビジネスにとっても良い影響を与えているのではないかと考えるようになりました。ここに、これからの時代を生きるヒントがあるのではないかと。

有名な「マズローの欲求5段階」では、一番下から「生理的欲求」「安全欲求」「社会的欲求」「承認欲求」と積み上がっていき、一番上に「自己実現欲求」があります。

ビジネスの結果が出せれば、自己実現欲求を満たすことはある程度できるかもしれません。ですが、最近いわれるようになった6段階目の「自己超越欲求」には届かないのです。

他者のためにがんばるだけでは超越していけない領域があります。利益の有無を別としてもやりたい欲求を満たした人が、6段階目の壁を突破できるのです。

資本主義社会のシステムに乗っかってお金を稼いでいくことも大事だけれど、そのレールとは別にある、ただただ自分の好きを満たす行為も、これからの時代は大切になってくるでしょう。

ところが現状のビジネス界では、「稼ぐ」「結果を出す」というところにばかり注目が集まっていて、ここを支えるためのコンテンツや塾、セミナーはたくさんありますが、先述したような「やりたいことに取り組むことが、ビジネスにどんな良い影響をもたらすのか」については、情報が乏しいです。

過去のデータもなければ、実例もそんなに多くありません。

ですが、ここを言語化してお伝えする価値は十分にあると思っています。

前提として、私はこれまでのビジネスの在り方を否定していません。誰かの困りごとを解決することは素晴らしいことです。

その上で、自分の好きなことを極めることも大事だよねと言いたいのです。

得意なことを仕事にして稼ぐことも重要だし、採算度外視で夢を実現していく行為も貴重な経験だよねと提案したいと思っています。

多くの人がどちらかに偏ってしまいがちです。

左脳的な考え方に浸かっている人がいる一方、右脳的な感覚ばかりに頼ってしまう人もいます。売上ばかりに意識をとられる人がいる一方、好きなことしかしたくないと頑なになる人もいます。

どちらかに埋没している生き方の平均値をとり、自分にとって最適な両軸のバランスを探してみませんか？

真言宗の開祖である空海は、どちらかに偏ることなく調和がとれている状態を「中庸である」と言いました。

まさに、本書のコンセプト「センスフル」に通じる言葉です。

ちなみに、ここでいう「センスフル」とは、英語のSENSEFUL（適正、常識のある）ではなく、あえてLが2つのSENSEFULLという表記にしています。SENSE（自分の全感覚）をFULL（フル稼働）させた状態を強調するためです。

つまり、「センスフル・ワーク」とは、あなたのなかにあるすべての才能を使いこなす生き方、働き方のことです。

ロジックだけでなく、直感も使いこなそう。
お金を稼ぐことだけじゃなく、好きな活動にも力を入れてみよう。
感覚だけに頼らず、しっかり言語化もしていこう。
やりたいことと、経済的自由を両立する生き方を目指していこう。

どちらもバランスよく使いこなしていこうとする「中庸」の生き方が、これからはより注目される時代だと思います。

本書を通して、新時代の生き方、働き方のセンスを一緒に磨いていきましょう。

言海祥太

CONTENTS

CHAPTER 01 自分軸と他人軸

CHAPTER 02 意識と現実創造

CHAPTER 03 感覚と言語化

CHAPTER 04 ライフワークとライスワーク

CHAPTER 01

自分軸と他人軸

SENSEFULLWORK

アート性を高めてブレない自分軸の造形を

これまで、ビジネス界ではMBA（経営学修士）を取得している経営コンサルタントが重宝がられる傾向にありました。論理的な思考やフレームワークを使って問題解決をする方程式にそったやり方がビジネスの一般的なセオリーだったのです。

一方で、直感的なものや過去のデータに基づかないものは、信憑性がなく実績もないので、ビジネスの舞台では軽視される傾向が強かったように思います。

でも、われわれの先人たちが長年かけてあらゆる問題を解決してきた今、問題を解決する方法はすでにたくさん紹介されてきました。解決策はもうお腹いっぱいあるのです。

となると、当然問題は希薄化していきますから、これから世の中に求められるのは、問題を「解決」することではなくて、まだ誰も気づいてない問題を「提起」していくことではないでしょうか。みんながまだ気付いていない「こういうことが問題なんじゃないか」を見つける力です。

そこで、注目されるようになったのが「アート思考」や「アートからビジネスを学ぶ」というアプローチ。

実際に最近は、アート的な視座から新しいアイデアや商品、イノベーティブなサービスを生み出している企業に注目が集まっています。

だったらさっそく右脳を鍛えていこう！　と結論を急ごうとしたあなた、もともと右脳派だからこのまま突っ走ろうと思ったあなた、ちょっと待ってください。

私がお伝えしたいのは、右脳だけに特化させようということではありません。あくまで、右脳と左脳のどちらも大切だということ。アートに注目が集まっているけれど、ロジカルシンキングも変わらず活用していくことが大事です。

右脳も左脳も人間が持って生まれたセンス。これらをフルに生かしていきましょう。

その上で、すでに左脳的なロジカルシンキングなどに関するセミナーや書籍は出尽くしていますから、ここで私が触れることはほぼありません。

この章では、自分のアート性を高めていく方法や、それがブレない自分軸の造形に通じる理由をお伝えします。

01

時代をリードするのは右脳的思考のリーダーたち

——右脳と左脳の統合が新時代をつくる

今、アメリカではＭＢＡ（経営学修士）以上に、ＭＦＡ（美術学修士）が注目されています。デザイン性、アート性を研究した人は、右脳と左脳を統合してバランスよく物事を考えることができ、それが現在のビジネスに求められるイノベーションスキルに通じると考えられているようです。

本書でお伝えしたいセンスフル・ワークも、まさにこのバランス感覚を重視しています。デザインやアートというと、一見ビジネスと関係ないように思われますが、Ａｉｒｂｎｂ共同創業者のブライアン・チェスキー氏とジョー・ゲビア氏や、ダイソン創業者のジェームズ・ダイソン氏は、デザインスクール出身です。

また、Ｆａｃｅｂｏｏｋ創業者のマーク・ザッカーバーグ氏のようにアートに造詣の深いＣＥＯが多いのも事実。あのスティーブ・ジョブズ氏もカリグラフィーを学んでいました。

つまり、「左脳的思考」に特化した人材よりも、「右脳的思考」を働かせることのできる人材のほうが、近年のビジネス界をリードしているのです。

とはいえ、「今から美術について勉強しましょう」といいたいわけではありません。右脳的な感性・感覚の活性化は、専門機関で学ばなくても可能です。そして、これが現代の起業家や情報発信者に求められています。

02

時代は便利なものより「美しいもの」を求めている

――なぜスタバにはMacユーザーが多いのか

なぜ、ＭＦＡに代表されるような右脳的思考の人材が、ビジネス界をリードするようになったのでしょうか。おそらくそれは、現代はものがあふれていて「便利だから買う」というフェーズがすでに終わったからだと思います。たくさんの専門家たちが問題を解決するためのフレームワークを生み出し、便利な商品を開発してきました。もうすでに、解決策は飽和状態です。では、人々はどのようなものを買うのかというと、「美しいと思うもの」ではないでしょうか。

「購入したらもっと素敵な自分になれる！」

と、「自分磨き」に通じそうなものに人々は手を伸ばしています。スターバックスコーヒーでパソコンを開いている人はたいていＭａｃｂｏｏｋを使っています。その他のメーカーのパソコンでも、動画編集やイラストレーターなどのクリエイティブな作業は十分できるのに、なぜかＭａｃｂｏｏｋユーザーが多いのです。その心理には、「スターバックスでＭａｃｂｏｏｋを開いて仕事をしている自分は素敵」と感じているから。つまり、素敵な自分になりたいという自己実現欲が、購買につながっています。

これは、サービスを提供する立場の方なら意識しておきたいところ。顧客の「美意識」に注目し、働きかけていくことが大切です。その感性を養うヒントが、芸術や美術の世界にあります。

03

これからは感覚（センス）こそが頼りになる時代

――予測不可能な未来を知る手がかりはどこにあるのか

右脳的思考が必要とされている理由をもうひとつお話ししましょう。それは、これまで以上に未来が予測しにくい時代に突入したからです。

ビジネスの基本はお客様の困りごとの解決。お客様の「こうなりたい」という理想と、現実の姿との「ギャップ」を埋めるためにサービスが生まれます。

お客様が明確な理想を持っていればいるほど、ギャップも明確になるのでサービスが構築しやすいのです。

ところが、現代は不確定要素が多い時代でなかなか先を見通すことができません。理想が描きづらくギャップも不明瞭なので、問題解決の提案が難しくなっています。

こうした時代の局面にいるにもかかわらず、私たちは左脳的思考で過去のデータばかりを見て未来を予想し、正解を出そうとしています。このちぐはぐさが、ビジネスをより難しくさせているのです。

統計分析とはあくまで「過去の産物」。過去の統計を分析すれば「今」についてはわかるかもしれないけれど、未来予想の精度はそんなに高くはありません。

今を読み解くことは統計に任せることができても、そこからどちらに向かうのかを判断するのは、人間の感覚（センス）です。センスこそが頼りになる時代を、私たちは生きています。

04

私たちはもっと右脳が導き出す答えを信じてみてもいい

——不確定要素のなかにまだ見ぬ面白い未来がある

過去の統計やデータに基づいた論理的思考で出した答えでは、もう片手落ちな時代です。なぜなら、過去の情報から導き出された結論なら、誰でもたどり着けてしまうから。情報のソースが同じで、データ分析法も同じなら、当然答えも同質化してしまいます。マーケティング用語でいうところの「コモディティ化」です。

差別化やブランディングの重要性が叫ばれる時代にあって、コモディティ化したままではますます埋没してしまいます。もちろん、左脳的なデータによって出した答えは、ある程度の結果にはなるでしょう。例えばＹｏｕＴｕｂｅで誰かがバズらせた企画は、横展開でみんなが真似るようになり、ある程度の再生数を稼ぐことができます。一定のアルゴリズムに沿って動けば、そこそこの成果は出せるのです。

ですが、はたしてそこに自分の心を震わせるような面白みがあるでしょうか。差別化やブランディングで唯一無二の自分を表現していけるでしょうか。

過去のデータや成功法則だけにとらわれていては、オリジナルの未来は描けません。新しいイノベーション、まだ見ぬ未来を描くためには、過去のデータ以外のソースが必要です。

そのソースの在り処は、右脳が導き出す直感や感覚。不確定要素が多そうに思えるこの部分を、私たちはもっと信じて良いのではないでしょうか。

05

似ているようで実は違う「アート」と「デザイン」

——クライアントは自分か他人か？

芸術や美術の分野を専攻するＭＦＡが注目されているように、「美」は今やビジネス界のトレンドワードです。これらはよく「アート」や「デザイン」といった言葉で語られます。同義語のように使われる２つの言葉ですが、私は明確な違いがあると思っています。

まず「アート」とは、自分の感覚や感性、内側に抱えているものを外側にアウトプットすること。一方「デザイン」とは、他人からのニーズや課題をくみ取り、その期待に応えて形作っていくこと。要は、アートとデザインでは、起点となる人が違ってくるのです。「自分軸」と「他人軸」とも言い換えられます。

極端な例をあげると、とある画家が、自分の内側にある想いや潜在的な感覚を表現して描いたものはアート、他者からの依頼や期待に応えられるように描いたものはデザインだという区別です。クライアントが自分の場合はアート、他人の場合はデザインといった違いになります。これを、今の自分の仕事に当てはめてみてください。ビジネスの基本は他者の困りごとを解決することですから、多くの場合デザイン寄りの仕事をしているのではないでしょうか。真面目な私たちは、今まで十分クライアントの期待に応えてきました。もうそろそろ自分というクライアントの気持ちを満たす「アート」に力を入れてあげてもいいのではないでしょうか。

06

アートの車輪とデザインの車輪を混合させない

——仕事が行き詰ってしまう意外な理由

アートとデザインは、どちらが良いとか悪いとかはありません。両方をバランスよく走らせましょうというのがセンスフル・ワークの趣旨です。

ところが、この両軸を統合させようとすると、自分を苦しめてしまうケースもあります。アートを無理やりデザイン寄りにしようとしたり、デザインのなかにアートを入れ込もうとしたりすると、途端に行き詰ってしまうのです。

例えば、自分が純粋に好きで始めたことをマーケットのニーズに合わせて「売れるように」と考え始めると、もともと好きでワクワクしていた気持ちが萎んでいってしまうことも。

逆に、クライアントからの要望に無理やり自分のやりたいこと、こだわりを詰め込もうとするとお客様からの要望から逸れてしまいます。これでは意思疎通ができていないと思われても仕方ありません。

アートとデザインのクライアントは別々であることを理解し、それぞれのクライアントに貢献できるよう徹底することが大切です。

自分というクライアントが喜ぶなら、マーケットの動向とか、最新のトレンドとか、過去のデータとか気にする必要はありません。それぞれの聖域を守るため、アートはアートの車輪を、デザインはデザインの車輪を回していきましょう。

07

アート思考を手に入れれば無敵なレアキャラになれる

——自分の希少性を高めて価値を上げていこう

実際のアート作品の面白さは、通常のビジネスをしていては到底敵わないレアキャラになれる点です。

アート作品は、基本1点ものが多いので希少性がきわめて高いです。ですから、人気作家の作品の価値は、天井知らずで上がり続けます。希少性が高いものに対して需要が集中するので、当然値段も高騰していくのです。

一方で、どこでも買える希少性が低いものなら、値上がりどころか価格競争で安くしていくほかありません。他と差別化できなければどんどん埋もれていき、売上も考え方も先細りになってしまいます。

ですから、これからの時代、自分でビジネスをしていくなら希少性を高めるためにもアート性を取り入れていくことをおすすめします。同じ資格を持っていたり似たような肩書で活動したりしている人は、すでにたくさんいます。どこにでもあるものなら、希少性がないと思われるので売り上げもなかなか伸びません。

そんなジレンマから脱却して、ここにしかない、自分にしかできないサービスにフォーカスしていく――。つまりレアキャラになっていきましょう。

そうすることで、選ばれる存在になっていくのです。あなたにしか表現できないアート性がレアキャラとしての武器になります。

08

人間の感性のなかに希少なアイデアがある

――まだ世の中にないものを生み出す方法

希少なものの価値は上がり、過剰なものの価値は下がる。これが資本主義社会のビジネスにおける原理原則です。どこにでもあるものを売り続けても、そこから得られる利益は限界が決まってきます。

一方で、希少なものなら値段が高くても買い求める人がいるので大きな豊かさを享受できるでしょう。

では、過去のデータから導き出された統計による答えと、直感や感性から湧いてきたアイデアは、どちらのほうが、希少性が高いでしょうか。

答えはもちろん後者です。既存のフレームワークが出した答えは、もうたくさん世の中にあふれていて、お腹いっぱいです。満腹な状態なのにお金を払ってまで食べたいという人はいません。

それよりも、直感、宇宙のビッグデータ、神様からのサインなどと表現されるアイデア、要は自分を遥かに超越した存在から降りてきた情報を発信して、ビジネスに取り入れたほうが、その事業の希少性は圧倒的に高まります。

ですから、今の仕事にアート性を取り入れていきましょう。

自分に内在している感性や感覚、直感が、まだ世の中にない希少なものを生み出していくのです。

09

時代が変わっても ずっと頼りになるのは 「考え方」

——ベースが身に付いていれば、怖いものはない

具体的な話を聞くと安心しますよね。具体的なやり方、ノウハウ、手順など、いち早く知りたいという人が多いと思います。ですが、長期的に考えるなら「前提となる考え方」も、スキップせずに身に付けてほしい。

なぜなら、具体的なやり方は時代によってコロコロ変わっていくものだから。例えば少し前までは、ＳＮＳといえばブログに力を入れている人が多く、ブログのコンサルをしている人もたくさんいました。でも今はどうでしょう？　正直、一昔前よりずっと減ったと思います。今、ブログの攻略本を出版したとしても、売れ行きは正直期待できません。具体的なやり方は生まれては古くなり、生まれては古くなっていくもの。だから、やり方ばかりに終始してしまうのは危険です。

一方で、「考え方」は普遍的なものですから、備えておけばどんなに新しい時代がやって来ても、どのやり方を取り入れればいいのかが瞬時にわかり、うまく自分のものにしていけます。ベースが身に付いていれば、怖いものはありません。むしろ、経験を糧にどんどん輝きを増していけるでしょう。

本書でお伝えしているのは、まさに「考え方」です。自分の感性や感覚を信じて使いこなしていけば、どんな時代になっても、柔軟に新しいノウハウを取り入れてアップデートしていく強さが身に付きます。

10

正解は自分で自由に造形していける

――フォロワーがたった200人でもビジネスは成功する

オンラインサロンが乱立する昨今。入会メンバーを集めるのは簡単なことではないし、当たり前のように退会者は出てきます。そんななか、私のビジネスパートナーの田嶋さんが運営している「アート」をテーマにしたオンラインサロンは驚異の数字をたたき出しています。Ｉｎｓｔａｇｒａｍフォロワーが２００名程だったにもかかわらず初回入会メンバーが７０名。離脱率も通常７～８％といわれるなか、３．８％とこれもかなり良い数字です。

　ではどんなサロンなのかというと、西洋美術史を学んで教養を高めるというもの。田嶋さん本人のアートが大好き！　という想いの熱さを詰めに詰め込んだものです。

　正直、美術を学ぶことや教養を高めることって不確定要素が多いですし、メリットを明確に提示できないものですよね。にもかかわらず、彼女のピュアな好奇心、アート愛に端を発したサロンは、想像以上に高い共鳴力をもっていたのです。そして、他のどこにもない希少性が価値を高めていったのだと思います。

　一見非効率なことが、最大効率になってしまった稀有なケースです。社会一般的なビジネスの展開方法ではなかったかもしれないけれど、彼女だけの正解を創り出すことができました。ロジックだけでは通用しなくなった時代だからこそ、正解は自分で造形できるようになったともいえます。

11

利便性よりも「ロマン」を提供しよう

——時代や景気、環境に左右されないビジネスヘアサロンやジム、エステなど、定期的に通うお店をどうやって決めていますか？近場や通いやすさなどの交通利便性はひとつの決め手になると思いますが、世の中には利便性が悪くても顧客が絶えないお店もあります。一言でいうなら「ロマン」を感じさせるお店です。利便性やお得感といった外的要因に影響されない魅力があれば、人は絶えず集まってきます。

長崎県にある「四次元パーラーあんでるせん」という喫茶店は、店長のマジックショーが人気な名店です。摩訶不思議なマジックが見たくてやって来るお客様が絶えません。ホームページやSNS、ネット予約などはなく、予約は電話のみという不便さ、そして交通の利便性もいいとはいえない場所にあります。にもかかわらず、一年以上先まで予約が埋まっているのは、やはり店長のマジックショーにロマンがあるからです。まるで超能力？　と好奇心が掻き立てられ、ここでしか味わえないロマンを求めて全国からお客様が集まってきます。

利便性を追求したサービスはすでに世の中にあふれかえっているため、似たようなものを提供していてはなかなか選んでもらえません。サービス提供者、情報発信者はコモディティ化から抜け出し、ロマンを提供していきましょう。時代や景気、環境に左右されない本質的な強さを手に入れるのです。

SENSEFULL WORK

12

競争じゃなくて共に創り上げる「共創」が大事

——早くゴールにたどり着きたいなら一緒に行こう

競争社会で物や情報があふれている時代。どんなに努力してサービスを改良してコストを下げても、ライバルはすぐに追いついてくるでしょう。こちらが改良すればあちらも改良し、あちらがコストを下げればこちらも価格を見直す必要がでてきます。競争ばかりに躍起になっていては、いつまで経っても終わりは見えません。ですから、これからの時代は、競争よりも「共創」に意識を向けていくべきです。

共創とは、字の通り「共に創り上げていく」というビジネスの在り方。自分一人で新企画の告知をするよりも、企画に携わる人みんなで告知をしたほうが、より多くの人に情報を届けられます。一緒に新しいことにチャレンジできるし、一緒に豊かさを享受していけるようになるというわけです。

私自身も、音楽活動でライブをする際は、「ワンマンライブ」ではなく「ワンネスライブ」という言い方をしています。ワンマンは一人、もしくは一つのグループでのライブを指しますが、私は自分以外の人もステージに立てるような設計をしているのです。シンガーやダンサーをオーディションで募集し、まわりを巻き込みながらプロセスを公開しています。すると、自然とたくさんの人に情報が届き、２００人や３００人といった会場も埋めることができるのです。一人で競争していたら、こんな成果はきっと出ていませんでした。一緒につくり上げたほうが、より早く目的地にたどり着けるのです。

神様からこき使われると夢がかなう

私は神社めぐりが好きで、日本神話の神様をとても身近に感じています。「八百万の神」ともいわれるとおり、一言で説明するのが難しい日本の神々。見えない存在をどういうふうに捉えるかは人それぞれですが、私は「祈りの集合体」だと思っています。

日本最古の神社のひとつである奈良県の大神神社は、日本神話に創建の経緯が書かれているほどの歴史があります。神代の時代から、ご神体に向かって祈りを捧げてきた人々がいたことを考えると、そこには特別なエネルギーが残っていてもおかしくありません。先人たちの祈りのエネルギーがミルフィーユのように蓄積されているのです。

しかし、エネルギーをそのままにしておくと邪気や穢れも溜まりますから、神職さんたちが掃除をしたり祝詞を上げたりしてクリーンに保ってくれています。

そんな祈りの集合体の神様には、それぞれ得意分野があります。

芸能の神様のところには、たくさんの芸能に関する人が訪れ、何百年、何千年と祈りのミルフィーユを捧げてきました。

するとそこには芸能系のエネルギーが貯まっていきます。次にやってくる参拝者は、先人たちの祈りのエネルギーをダウンロードし、自分の祈りのエネルギーをアップロードして、ミルフィーユの一部になっていくわけです。

境内に来れば誰でもアクセスできるクラウドみたいな場所が神社なんですね。だから、神社に行くとインスピレーションが降りてきたり、気分がすっきりしたりするのでしょう。

ちなみに私はいつも神前で祈るとき
「神様、私のことをどうぞこき使ってください」

と言います。

体を持たない神様は、この世で実現したいことがあっても直接働きかけることができません。

そこで人間の肉体を借りて神自身の願いを達成しようとしているのです。人間は一人ひとり願望をもっていますが、実はそれってもともとは神様の願いなのではないでしょうか。そう考えると、私たちの願いとは、かなうのが当然のような気がしてきます。

13

誰かを幸せにできるのは「他人軸」

——思いやりの愛ある軸をもとう

自己啓発やスピリチュアルの業界では、「自分軸をもちましょう」「自分軸が大事です」という問いかけは多いです。

たしかに、自分軸がないと気持ちや行動がぶれてしまって迷うことも増えます。自分軸はあったほうが絶対に良いものです。

でも、だからといって「他人軸」で考えたり行動したりすることが悪いわけではありません。他人軸があるからこそ、私たちは人の気持ちに立って考えることができるし、思いやりをもって接することができます。人間関係において、他人軸はもっておきたい愛の軸です。

また、ビジネスにおいても他人軸は欠かせません。他人の視点に立つからこそ、他人の困りごとを解決するアイデアを思いつくことができます。

どういうニーズがあるのか、マーケットはどんな動きをしているのか、こうした想いを巡らせることができるのは、他人軸があってこそ。これってすばらしい視点ではないでしょうか。

つまり、他人軸をもつことで豊かになれることもおおいにあるのです。自分軸がフィーチャーされる一方で、日陰になりつつある他人軸も実はすばらしいもの。自分軸も他人軸も、私たちの人生に豊かさをもたらしてくれる不可欠な軸なのです。

SENSEFUL WORK

14

「あざとい」って実はすばらしい

──他人のために努力する姿勢は尊い

「あざとい」という言葉に対してどんなイメージがありますか？　計算高いとか、他人を出し抜くタイプといった、ちょっとネガティブな女性像を思い浮かべる方が多いのではないでしょうか。

でも、私はあざとくあることは、とても尊い行為だと思っています。なぜなら、人から好かれたくて努力しているわけですから。相手に気分よくなってもらいたい、一緒にいて楽しいと思われたい、そのために自分をかわいく表現することって、決して悪いことではありません。だから、まわりの同性から冷めた目で見られるんじゃないかとか、浮くんじゃないかとか、気にする必要なんてない。努力をためらうことはないのです。

一方で、あざとい人を見て、やけにイライラしたり気に食わなかったりしたときは、そのモヤモヤ感は貴重なサインだと思ってみてください。嫉妬の裏にあるのは、もしかすると「自分も本当はそうしたい」という願望かもしれません。自分にも、あざとい振る舞いができるのに、それができないからモヤモヤしているのではないでしょうか。

ちなみに、あざとさがネガティブに捉えられるのは日本独特の空気です。お金稼ぎに対するネガティブイメージと似ているかもしれません。でも本来、どちらも「他人軸」を意識した、誰かを幸せにする方法のひとつ。そろそろ言葉と概念のアップデートが必要だと思います。

SENSEFULL WORK

15

迷いやすい時代に助けてくれるのは「自分軸」

——自分の人生の経営理念をもとう

他人軸が思いやりのある軸なら、自分軸は迷いを断ち切ってくれる軸です。なぜ今、多くの人が「自分軸」の必要性を説いているのかというと、それは、おそらく迷っている人が多いから。情報社会といわれる現代、欲しくなくてもたくさんの情報が、向こうからこちらにアクセスしてきます。私たちは意図せずとも、毎日のように新しい情報やノウハウに出会ってしまうのです。

すると、「あれ？　こっちのほうがいいんじゃないか？」と、どうしても迷いやすくなるもの。そんな右往左往している姿は、まわりの人に不信感を与えてしまいかねません。誰もが発信者であるソーシャル時代においては、言動が一致していなかったり言っていることがコロコロ変わったりしていると、なかなかファンはつかないです。

ですから、悩んだりブレそうになったりしたときに立ち返ることのできる「自分軸」をもっておきましょう。これは、会社でたとえるなら「経営理念」を掲げることと一緒です。なぜ会社には経営理念があるのかというと、複数の人間で織りなされる組織において、何かの判断に迷ったときに立ち返る基準となるからです。つまり、個人でいうところの自分軸に当たるものが、会社にとっての「経営理念」といえます。

自分の人生を営む上での軸は何でしょうか。それを打ち立てることができれば、迷いの多い現代社会において、進む道を明るく指し示してくれるでしょう。

16

自分にも他人にも貢献しようとする営みは尊い

――いい気分で生きていくために欲張ろう

自分の好きなことに没頭しているときは、当然ながら気分がいいはずです。けれど、それが世間から評価されなかったり、認められなかったりすると、途端に「嫌な気分」になってしまいます。

好きなことなら外部の視線は気にする必要はありませんが、それでも多少は気になってしまうのが人間です。

一方で、特別好きでやっているわけではないけれど、自分にできることをやって、それが他者から評価されたら、それはそれできっと心を明るくさせるでしょう。

つまり、人生を１００％自分が好きなことだけに傾けても、それがまったく人から評価されなければ、「いい気分」にはなれないのです。

「好きなこと」だけで生きていては、なかなか満たされにくい。他者に喜んでもらって、それで自分自身もうれしくなるという喜びのセットがなければ、私たちの気持ちは満たされにくいのです。

だから、どちらが一方だけが良いというわけではなく、他人軸で誰かに喜んでもらう行為も、自分軸で自分の感覚に忠実に生きる行為も、どちらも尊いのです。「いい気分」で生きるためには、両軸を欲張って強化していきましょう。

17

自分軸のヒントは「審美眼」にある

——何を美しいと感じ何を嫌だと感じるか

自分軸は、一瞬にして装備できるものではありません。いきなり会社の経営理念のような立派な軸をつくろうとしても、何から考えればいいのかわかりにくいと思います。でも大丈夫。誰の中にも必ず「軸」となるものがあります。まずは、そのヒントとなる「審美眼」を身に付けていきましょう。

審美眼とは、美を識別する能力（美意識）という意味ですが、ここでいう美とは外見的な「見た目」の美しさだけを指すのではありません。「真の価値」を見極めて正しく評価することができる目のことを指します。

例えば、あなたは最近何に対して美しいな、素敵だな、正しい姿だなと思いましたか？逆に、何に対して嫌だな、苦手だな、嫌いだな、ひどいなと思ったでしょうか？これらの答えは一人ひとり微妙に異なるものです。丁寧にくみ取っていけば、「私はこういう目をもっているんだ」と浮き彫りになってきます。

こうして輪郭をあらわにした自分の審美眼こそ、他の言葉に言い換えたときの「自分軸」です。

私とあなたの心が反応する「美」には、きっと違いがあります。自分オリジナルの美意識が必ずあることを認知し、自覚してみてください。

そこから、自分軸の造形が始まります。

SENSEFULL WORK

18

本質を知るために「審美眼」を養う

――肩書や数字に流されない軸の見つけ方

「審美眼」とは、美しい面だけを見て評価することではなく、醜い面も冷静に判断する力のことです。これを意識すると、自然と人を見る目、本物を判断できる目が養われます。人は、物事の本質よりも、わかりやすい肩書や売れ行きなどの数字で良し悪しを判断しがちです。売れているもの、人気があるもの、成功している人、お金を持っている人、影響力のある人……。そういった社会がつくりだした、なんとなく凄そうな人と付き合おうとし、そして翻弄されてしまうのです。

何となく付き合ってみたけれど、結局振り回されて疲弊してしまったり、搾取されて何も残らなかったりといった話はよく聞かれることです。

だからこそ、たとえ売れてなくても、知名度が低くても、本質的だと感じられるものや本当に良いと思えるものを見極められる「審美眼」を養っていきましょう。この力は、どなたにとっても必要な能力だと思います。

例えば、友人関係や恋愛関係においても、相手の肩書に振り回されない本質を見る力はあったほうが良い。私はこういう人といると楽しい、こういうことを言う人は嫌だ、そんな審美眼をあらかじめもっておけば、後々翻弄されて嫌な想いをする必要がなくなります。貴重な時間を無駄にしないためにも、自分の目で見極められる審美眼をもっておきたいですね。

SENSEFULL WORK

19

マイチョイスをもてば迷いや遠回りが減る

——どこまでなら許容できてどこからがNGなのか

「審美眼」をもっとわかりやすい言葉でいうなら、「自分は何を選ぶのか」という基準。つまり「マイチョイス」をもつということです。みんながやっていることばかり真似しても自分らしさなんて出てきませんし、自分探しもできません。自分なりの審美眼を装備すれば、勝手に自分軸は造形されていきます。

その一歩として、マイチョイスの基準を考えてみましょう。

例えば、ビジネスにおいては決断の場面が多くありますね。プロジェクトの話を持ちかけられたり、新規事業へのチャレンジを迷ったり。そんなとき、

「私はここまでならやるが、これ以上はやらない」

「こっちが好きだけど、こっちは好きじゃない」

そんなチョイスが明確にあったら、いざというときに迷いが少なくなります。どこまでを許容して、どこからがＮＧなのかを明確にすること。それが、マイチョイスです。

ここで大切なのは、区別はするけれど差別はしないということ。センスフル・ワークとは自分の才能をフルに生かす生き方であって、自分の基準に当てはまらないものを否定するための話ではありません。

そこは勘違いしてほしくないと思います。

20

マイルールを制定して唯一無二の自分になる

——他人に押し付けず自分を律する武士道

自分だけのマイチョイスがわかってきたら、その価値観を大切にしましょう。大切にしている価値観を大切にし続け、誰とどんな状況で会っても変わらないスタンスを貫くこと、それがマイルールです。Aさんにはこう言っていたのに、Bさんにはこう言っている。人によって態度や意見がコロコロ変わる。こういう人はマイルールがない状態で、他人からの信用も得にくいです。

一度ルールを決めたら、金太郎飴のようにどこをどんなふうに切り取っても同じような自分でいることを心がけましょう。それが自分軸をより強固にしていき、唯一無二のあなたらしさを造形することになります。

ただ、ここでも気を付けてほしいのは、マイルールを他人に押し付けないということです。自分と同じ価値観を他人に期待していると、それが期待通りにならなかったら、悲しくて悔しくて生きづらくなってしまいます。せっかくの人間関係が窮屈なものになってしまうのは、マイルールの望むものではありません。相手には相手の判断基準があることを尊重しましょう。

マイルールは、ある意味「武士道」のようなものです。自分を律するためのルールは、誰に自慢するものでも押し付けるものでもありません。そんなあなたの姿勢に、オリジナルの美意識がにじみ出てきます。

SENSEFULL WORK

21

マイストーリーで自分の「神話」を語ろう

――物を売る時代から物語を売る時代へ

自分にはオリジナルのものなど何もないと思われている方も、どうかそうではないことを知ってください。これまで生きてきた人生は、誰にも真似できないオリジナルのストーリーです。同じ環境で、同じ時代に、同じ親に育てられて、同じ経験を積んで生きてきた人はいません。自分が歩んできた道のりこそ、唯一無二のブランドになります。その経験を振り返り、言語化していくことで、神話のようなオリジナルストーリーが開花するのです。これは、ビジネスにおいても非常に大きな力を発揮します。

世界的歌姫のリアーナは、黒人女性として「なぜ自分の肌の色に合うファンデーションがないのか?」と、自らコスメブランドを手掛けました。50種類程のファンデーションカラーをそろえ、これが世界中の女性の支持を集め大ヒット! コスメ業界の話題をさらいました。すると、大手企業が同じように多数のファンデーションカラーを展開し始めたのです。ところがこれが鳴かず飛ばずで、思ったような結果にはつながりませんでした。同じような商品を並べても、リアーナの実体験ストーリーの魅力にはかなわなかったのです。

これこそ、ストーリーの力。現代は、商品を売る時代ではなく物語を売る時代です。ソーシャル時代を生きる私たちは皆、物語を売ることができます。あなたの人生に眠る神話を、今こそ語っていきましょう。

22

コンフォートゾーンを抜け出せば共感が生まれる

――一歩踏み出す勇気はどこから湧いてくるのか

右脳的思考を活性化させてアートの視座をもつようになると、今いるコンフォートゾーンから抜け出しやすくなります。

自分にとって居心地がいいところから一歩踏み出して、新しいチャレンジをしていくためのガソリンが、自分の内側にあるアート性です。

そして、新しいことや面白いこと、まだ見ぬ世界を見せようと活動する人のところには、応援者や共感者が集まってきます。経済合理性を無視して、とにかく「これがやりたい」という本心から蒔いた種を咲かせようとする姿は、革新的でまわりをワクワクさせるのです。

過去のデータを使ってロジックを積み重ねても、わくわくは生まれないし、共感も得られません。

共感は、コンフォートゾーンの外側にあるのです。そこに多くの人が行きたいと願いながら二の足を踏んでいる。だから、先導を切って抜け出していく人の波動に共鳴して集まってくるのです。

自分にもそんなアート性があることを信じてください。

その火種は、自分軸のなかに眠っています。世の中にまだ見ぬ好奇心を提案し、アートの力でより良い社会をつくっていきましょう。

23

「忘己利他」よりも「利己利他」で

――与えて与えられる関係性が一番の理想

天台宗の言葉で、「忘己利他」（もうこりた）という言葉があります。己の為ではなく他人の為に役立つ。これを美徳とする考え方です。要は、自分より相手を優先する精神ですね。

まずは自分から与えるというGIVEの精神は、たしかに大切です。

ですが、自分が窮地に追いやられているときに、相手のことを優先して考えることができるでしょうか。きっと、多くの人はできません。自分のお腹が満たされていない状態で、他人のお腹の状態を考える余裕はないはずです。

それに、自分の利得を忘れて尽くすことは、時として「自己犠牲」になってしまいかねません。くわえて、それが相手に伝わらないと

「自分はこんなに尽くしているのにわかってくれない！」

と、自暴自棄になってしまうことも。

つまり、自分が満たされていない状態のまま無理して相手のために尽くす自己犠牲の行為は、非常にバランスが悪いのです。

ですから、「忘己利他」よりも「利己利他」で、全員にとって利得がある関係を目指しましょう。全員で幸せになる公益性が担保された「与えて、与えられる」が、もっとも理想的なGIVEの形です。

COLUMN

美意識にこだわってオリジナルTシャツを作った話

オリジナルTシャツの制作をしたときのこと。もともとアパレル業界に勤めていた経験もあり、オリジナルブランド作りは夢でした。通常のビジネスの考え方では、仕入れコストをできるだけ下げ、売価を上げて利益を追求します。でないと継続性がないので、大切な視点だと思います。ですが、私はその視点をあえて取り入れず、むしろ真逆の売り方をしました。理由は私の美意識に反していたからです。例えば素材選び。着心地にこだわりたくて世界三大コットンといわれるアメリカのスーピマ綿、エジプトのギザ綿、中国の新疆綿の中から選ぼうと思いました。もっとも安価なのは新疆綿。ですが製造されている中国ウイグル自治区は、強制労働の疑惑があったので採用しませんでした。大好きなアパレル業界だからこそ、そこに関わる人たちにも幸せであってほしい。たとえ疑惑だとしても、万が一でも加担者になってはいけないと思いました。

こうした想いやプロセスを、すべてSNSで発信したところ、結果として価値観を明確に打ち出したインパクトのあるブランド形成につながったのです。同じようなオリジナルブランドを制作する人たちと差別化することができ、圧倒的な世界観を演出することに成功。自分の審美眼を信じ、共有していく重要性を改めて実感しました。

CHAPTER 02

意識と現実創造

SENSEFULL WORK

意識が先で現実は後からやってくる

今、自分の身のまわりにあるものを見渡してみてください。

外出先でも使える電話やパソコン、人間の代わりに働いてくれる洗濯機や掃除機、徒歩より圧倒的に早く目的地に着ける交通手段、人間の生活を豊かに便利にしてくれるものであふれています。

今でも十分便利な時代ですが、数年後にはもっと「あったらいいな」と思うものや仕組みが具現化しているでしょう。

よく、自己啓発書などで使われる事例に
「あそこに橋を作りたいと思った人がいたから、実際に橋が架かった」

というような話があります。

まず先に「橋があったらいいな」という意識があって、現実の世界に目に見える形となって「橋が現れた」という時系列です。

同じように、スマートフォンも、お掃除ロボットも、飛行機も、誰かが「あったらいいな」「作りたいな」と先にイメージしたから、それが現実世界に飛び出してきたのです。

ひとつ実例を紹介しましょう。松下電器、現パナソニックの創業者である松下幸之助氏は、母親が洗濯物を手洗いでゴシゴシと洗って手が荒れているのを見て、もっと楽にさせてあげたい、助けたいと思って、自動洗濯機などの白物家電の製造に力をいれたそうです。

つまり、意識が先にあって、それが具現化されたわけですね。

こうした現実創造の流れは、歴史に残るような発明ではなくても、私たち個人の人生にも日々起きています。橋や家電といったものづくりに限らず、一人ひとりの人生も、意識次第でクリエイトしていけるのです。

自分のことを過小評価する意識のままでいたら、いつまでたっても人生のステージは狭苦しいまま。もっと広いステージに立ちたいなら、先に意識を変えて、自分を過大評価していきましょう。

かといって、意識さえ変えれば何でもかなえていけるというものでもない。

では「意識があるから現実が創造される」ってどういうことなのか？　第2章では、この関係性をさまざまな角度からひもといていきます。

24

思い通りの現実を創造する鍵は「観察力」

――思考が現実にならない人に欠けているもの

量子力学の世界では、「物質を細かく分解していったときにもっとも小さな単位となる量子は、同じ波動のもの同士が引き合う」という説があります。簡単にいうと「私は豊かだ」と思っていれば、それと同じ波動の現実を量子レベルで引き寄せるので、実際に豊かになるというものです。「想いは現実になる」とよくいわれますが、まさに量子力学はその方程式を示しています。

ところが、実際には想っても現実になっていない人が多いはず。想いが現実になる人と、そうでない人の違いは何でしょう。

答えは「観察力」です。観察とは、自分がこの世界をどのように見ているかということ。例えば世の中には、いとも簡単にスプーンを曲げられる人がいますね。特殊能力のように見えますが、特別な訓練を受けていないのに曲げられる人もいます。一般の人からすると「あり得ない」と不思議でなりませんが、あれは本人がスプーンに対して「曲げられるもの」という観察をしているから、それが現実になっているのです。つまり「できる」と観察している人はできて、「できない」と観察している人はできない。違いはたったこれだけ。観察している世界が表層化したものが、自分にとっての現実となります。

どんなに強い想いがあっても、どんなに行動しても現実化しないという人は、観察力を見直してみてください。

25

思い込みの力が大きなチャレンジを可能にする

――音楽未経験でも大会場でライブができた理由

「観察力」をもっとわかりやすくいうなら「思い込み」です。例えば私は、音楽大学を出たわけでも、どこかのレーベルに所属しているわけでもありませんが、20代後半から本格的に音楽活動を始め、丸の内のCOTTON CLUBや六本木のBillboard LIVE東京といった歴史ある会場で、これまでライブを自主開催してきました。

これは、普通のミュージシャンの感覚だったらなかなかできません。というより「やろう」としないみたいです。「このレベルではまだ無理だ」「自分にはまだ早い」業界の常識を知っているからこそ、「できない」と思い込んでしまうのかもしれません。

一方で、普通のミュージシャンのレールを通ってこなかった私には、制限がないのでチャレンジができました。「自分にはできる」と観察することで、実際にライブを成功させてきたのです。

正直なところ、賛否両論の声が届きました。王道を走ってきた人たちだったら、なかなかやれないことだよと言われました。そんな話を聞くことで改めて、「観察」の大切さを再確認できたのです。経験や知識があるがゆえに邪魔してくるのが「制限」。でも、私たちの可能性はそんなものじゃない。そうなりたい！　という想いがあるなら、それをかなえることができる自分なんだ！　という視座を持ちましょう。信じる力が、現実を動かします。

26

自分の常識を書き換えれば夢がかなう

——夢は現状の「範囲外」にある

「常識」とは、時に私たちを縛るものです。とくに、自分で自分に課している常識は、たいてい夢をかなえることを阻止しようとしてきます。意識は、常識から外れることを怖がるからです。常識内にいれば安全ですから。

例えば、ダイエットをしてもなかなか体重が落ちないのは、自分にとって当たり前の体重から変化していくことに抵抗があるから。こうした変化を嫌う人間の習性は、ホメオスタシスというホルモンの影響といわれています。生命を脅かす変化から身を守るため現状維持をしようとする機能です。

では、人間は一生変化することはできないのでしょうか？　そんなことはありません。今の自分の常識の「範囲外」に出ていけば、まだ見ぬ未来を描いていけます。

私自身、万年ダイエッターでしたが、ピラティスを始めて1年半くらい経った頃から急に体重が落ち始めました。食生活も運動量も変えていないのに。おそらくそれまでの体重が居心地悪くなって、もっとすっきりとした自分のほうが居心地良くなってきたのだと思います。

意識が変化し、常識が書き換わったから現実が変わったのでしょう。自分に対する観察の仕方が変わったということです。今の延長線上の人生から抜け出したいなら、まずは意識を非常識な世界へ連れ出してあげてください。

音楽をやろうと腹をくくった日の話

もともと好きだった音楽を本格的にやろうと、腹をくくった日があります。昔から好きだった、とあるシンガーソングライターさんのライブに行った日です。以前からその人のライブには何度も足を運んでいて、毎回いいライブだったな！　幸せな時間が過ごせたな！　楽しかったな！　と思うのですが、同時にいつも心がざわついていたんです。いい加減、その感情にしっかり向き合わなければと思いました。

ライブ後、私はひとり、コールアンドレスポンスをしながら帰路につきました。なんで嫉妬しているの？　本当は自分はどうしたいの？　掘り下げていった結果、見ないようにしていた感情が言葉になったのです。

「自分も音楽がやりたい！」

「あんなふうにステージで歌ったりお客さんを喜ばせたりすることが自分にもできるんじゃないか」

そんな本音の声を聞いてしまって、無視するわけにはいかなくなりました。

例えば、自分より圧倒的に才能もあって実力もある人に対して、人間って嫉妬しないと思います。でも、自分にも同じような才能や力があるにもかかわらず、それが発揮されていないときには、人はモヤモヤしたり悔しくなったりするんです。嫉妬の感情こそ才能の種なんですよね。

でも、そうはいっても反発したい気持ちも出てきました。

今さら音楽やるなんて恥ずかしい、ギター弾けないし、音大とか出てないし、ましてや楽譜読めないじゃん……。でも、このときの私は、こうしたモヤモヤは絶対に見逃しちゃいけないやつだと直感的に思っていました。根拠もないし、うまくいく確信があったわけでもない。あったのは、なんかこっちの道な気がする！　という自分自身の感覚、直感だけだったんです。

そして、その直感を信じる力が私にはありました。もしも私がデータ重視の完全な左脳派タイプだったら、きっと嫉妬は嫉妬のまま、怖さは怖さのままだったと思います。でも右脳的な感覚も絶対に大事だと思うタイプだったから、腹をくくって音楽をやろうと決めたんです。かくして今では、音楽活動をしている自分がアイデンティティのひとつになりました。あのとき、モヤモヤをモヤモヤのまま放っておかなくて本当に良かった。だから、嫉妬させてくれた人には感謝だし、実際に、例のシンガーソングライターの方には直接メッセージを送ってお礼を伝えました。

嫉妬こそ、才能の種、人生を覚醒させるビッグチャンスです。

27

小さな成功体験で確実に自己肯定感は高まっていく

――ベビーステップの積み重ねが一番の近道

「自分にはそれができる」と心の底から思えるようになるには、自己肯定感がとても重要です。自己肯定感や自己受容の大切さ、それを高める方法については、すでにたくさんの著書がありますから、ワークなどをやってみるのも良いでしょう。

私自身も、もともと自己肯定感が高いほうではなく、いつも他人が羨ましくて、自分と他人を比べては悲壮感にかられていました。でも、そんな私でも少しずつ自己肯定感を高めていき、おかげで今は「自分にはそれができる」という観察力を、ある程度もつことができています。まだまだ努力中ですが、今こうしてビジネスや音楽活動にチャレンジできているのは、自己肯定感を高めたおかげです。

私が自己肯定感を高めるために一番おすすめしているのは、小さな成功体験を積み重ねること。いきなり強固な自信ができるなんてことはありません。ベビーステップを一段一段積み上げていくことが、結局は一番の近道です。

たとえ思ったような結果につながらなくても大丈夫。やりたい想いを行動に移してあげた自分、つまり想いをかなえてあげた自分に「イエス」を出してあげることが重要です。ちょっとでもやりたい想いがあるのなら、行動して、想いを着火させてください。その時点で、もう成功です。自分の想いをかなえてあげられるのは自分だけ。小さな成功もあなたを支える糧になります。

28

ピンチはチャンスをつかむ吉兆

――暗闇のあとに希望が来るのが自然界の法則

人生って、ずっと同じステージで同じことをし続けているわけにもいきません。たとえ順調にいっていてもいつかは手放さないといけないときがきます。それでもしがみつこうとすると、「そろそろ変わらなきゃいけないよ」と、神様からのお試しがやってきます。そのほとんどは、いうなればピンチ！　です。会社の売上が足りない、思いがけない別れがあった、大切なものを失った、神様はそんなピンチにあなたを直面させることで、変化を促し、次のステージへ進ませようとしています。

大切に握りしめていたものを手放すと、そのすき間に大きなものが入ってくるのです。だから、ピンチはチャンスというのは本当。私自身、経営のピンチに直面して追い込まれたときほど、自分と対話するきっかけになり、それまで思い付かなかったようなアイデアが降りてきて結果的に新サービスが大ヒットしたことが何度もあります。

月初は大ピンチだったけど、月末には美味しいお酒が飲めているなんてこともザラです。ですから最近は、ピンチがやって来る度に「またこのパターンか」と冷静になって、これをきっかけにもっと良くなるなとわかるようになってきました。渦中にいるときはつらいけれど、過ぎ去ってしまえば笑い話に昇華できることも経験済みです。自然界でも夜明け前が一番暗いように、希望がやってくる直前が一番ピンチなのです。だから今、人生どん底だと思っている人に伝えたい。それは、チャンスをつかむ吉兆です！

29

調子がいいときほど振り返りが大事

——理想的な現実に意識を向けて傾向を探っておこう

うまくいかないときに「なんでうまくいかないんだろう」と考える人は多いと思います。けれど、逆にうまくいっているときに「なんでうまくいっているんだろう」と考える人はほとんどいません。でも私は、うまくいっているときこそ、その理由をしっかり探っておくことが大切だと思っています。

直前にどんなことがあったか、感情が揺れ動くことはあったか、印象的な出会いはあったか、そういった傾向がつかめたら、次回以降それを生かせるわけだから。うまくいかなかった理由ばかりにフォーカスしていたら、うまくいかない現実を映し出してしまいかねません。意識を向けるのは、理想的な現実のほうであるべきです。

ところが私たちは、調子がいいときには深い分析を後回しにしてしまいがちです。ここができている人と、できていない人には大きな違いが出てきます。

多くの成功者たちが言うには、うまくいく前には、苦しい出来事や大切なものを手放さなければならない状況に出くわすことが多いようです。高くジャンプをする前には、いったん深く膝を曲げる必要があるのと同じように、凹むからこそ勢いづいて高く飛べるのです。

あなたにも、そんな経験があるのではないでしょうか。理想的な未来がやってくる傾向を、今から探っておきましょう。

SENSEFULL WORK

30

体を使えば「意識」に変化が起きはじめる

——今この一瞬に集中する時間を設けよう

センスフルな働き方をかなえるアプローチとして、体の状態をセンスフルにするというものがあります。体と心は一心同体。体にアプローチすれば、感覚や感性にもアプローチをかけられるのです。例えば、私はピラティスとボイストレーニングに定期的に通っていますが、どちらに取り組んでいるときにも、自分の魂と深くつながるような感覚があります。

理由は、おそらく「今この瞬間」に徹底的に集中しているから。マインドフルネスという言葉でも言い表せるかもしれません。ピラティスのレッスン中、意識を向けるのは自分の呼吸です。そしてボイストレーニングも、集中するのはやはり自分の呼吸だけです。どちらも、痩せてスッキリしたいとか、いい声を出そうとかは、最中には考えられません。今この瞬間吸って吐いている息だけに没入します。

すると、過去の嫌な経験を思い出してウジウジしたり、考えても仕方のないことに対して不安を募らせたりしている暇がなくなります。一秒前でもなく一秒先でもない、今この刹那に集中することで、もっとも感性が研ぎ澄まされセンスフルになれるのです。

意識で現実創造する感覚がわからない人は、体に働きかけたほうが早く変化が起き始めます。ピラティスやボイストレーニング以外にも、ヨガやランニング、瞑想など自分にあった方法があると思うので、魂のソースとつながる時間を設けてみてください。

31

「声」とは「現実創造」そのもの

——呼吸（意識）を変えれば声（現実）が変わる

ボイストレーニングをしていて気付いたことがあります。「声」とは「現実創造」そのものだということです。

呼吸とは、それだけでは聞こえないけれど、声の土台となるもの。

声とは、呼吸の上に乗っかることで聞こえるようになるもの。

つまり、現実として現れるのは声だけれど、その大元は呼吸なのです。呼吸に意識を向けることで、結果的に自分が理想とする声が現実として現れるといえます。

これを、最初から「いい声を出そう」とか「大きな声を出そう」とかしてしまうと、逆に体に力が入ったり、雑念が邪魔をしたりして、望むような声を出すことができません。まるで、鏡に映った自分の寝癖を直そうとして、鏡のほうに手を伸ばしているのと一緒です。

大事なのは、鏡に映った結果ではなくて今の自分自身がどうあるかということ。結果を変えたいなら、DOINGよりもBEINGが大事なのです。

ですから、自分のがんばりが空回りしているように感じるときは、BEINGを見直してみましょう。現実として見えているのはほんの一部。それを支える意識に集中することが、現実創造の真理です。

32

「現実」とは「意識」の現れ

――8割の法則を意識して思考を現実にしていこう

「現実」という漢字を改めて見てみると「現われて実る」と書いてあるのがわかります。

では一体、何が現れているのか？　答えは「意識」です。

私たち一人ひとりに内在する意識、魂、心、想い、そういった目に見えないものの蓄積が、やがて表層化していって現実となります。

ビジネスの世界では、よく「準備が8割」という文脈がありますが、それと同じように、いい声を出すには「呼吸が8割」であり、現実創造も「意識が8割」だということです。

この本も、企画や打ち合わせをしたり、ライターさんに取材してもらったり、実際に執筆をしたりと、読者の皆さんの目に触れないところで8割のことが動いています。その結果、目に見えて手に触れられる書籍として、現実化するのです。

現実化した状態が10割だとしたら、そのうちの8割は、人目につかない想いや行動によってできています。8割に届くまではなかなか表層化してこないかもしれませんが、それはある日突然臨界点を超えて、三次元に姿を現すでしょう。

どんな願望も、成就されるまでには8割の見えない過程があります。そして、この8割に意識を集中させることが、現実創造のベースです。あなたはどうやって、その8割を積み上げていきますか？

33

取り入れるべきはDOINGよりも「BEING」

——他人の成功法則を真似ても
うまくいかない理由

最近は、成功者による成功体験、人気者のバックストーリー、売れるノウハウ、バズる投稿など、さまざまな「成功法則」を簡単に知ることができます。パターンがわかれば、いち早く正解にたどり着けるような気がしますが、この世は一寸の狂いもない数式によってできているわけではありません。

他人の成功法則が、自分にもピッタリ当てはまるとは限らない。この世の難しいところでもあり、面白いところでもあります。だから、誰かの「外側」ばかりを見て憧れたり、羨ましくなったり、そのままのやり方を真似たりしてもあまり意味はありません。自分には自分の意識や世界観があり、他人には他人の意識や世界観があるのだから、同じことをしても、気持ちが乗らなかったり、長続きしなかったりします。

真似するなら、ＤＯＩＮＧではなくＢＥＩＮＧにしましょう。例えば、業績の良い営業の人はセールスやマーケティングの知識を取り入れているかもしれませんが、それと同じ手法を取り入れたからといって誰もが成果をあげられるとは限らないです。なぜなら、その営業担当者は、普段からまわりの人に情報を提供したり、人を紹介したり、なにかしら与える感覚があった上で、行動もしていて、それが好成績の理由になっているかもしれないから。そんなＢＥＩＮＧを学んだ上で、自分なりの成功パターンを試行錯誤していくのが成功への道です。

34

自分が「創造主」であることを思い出す

──なんでも〝ある〟立場になって考えると思考が広がる

生きていれば毎日が選択の連続です。とくに起業家にとっての選択には大きな責任がともないます。そんなとき、私はいつも「自分は創造主だ」という立場になって選択するようにしています。創造主は、すべてをもっていて何でも選択できる立場です。自分には影響力がないとか、知名度がないとか、お金がないとか、美人じゃないとか、もう年だからとか、地方暮らしだからとか……そういう制限は一切関係ありません。自分はすでに、全部〝ある〟。理想の自分は今ここに〝ある〟。この感覚が創造主として選択するコツです。

例えば私の場合、新サービスの予算組みをする際に、最初は採算度外視でやりたいことを全部詰め込んで考えてみます。全部できるかわからないけれど、なんでも選べる立場だったらどうするだろうと考えるのです。で、フタを開けてみたら予想の10倍ぐらいの予算になっていて、やべぇとなるのですが。でも、ちょっとがんばれば行けそうだったり、どうしてもやりたいという想いが勝ったりしたら、やります。さすがにあり得ないかなと思ったら、少しずつ引き算をしていきます。

すると、小さくまとまって考え始めるよりも、面白い企画ができあがるのです。予算は少々オーバーしますが、それをカバーできるほどの売上になることも。だから高望みはしたほうがいい。その通りにいかなくても、近付くことはできますから。

35

壮大な夢にも具体的な行動計画をもとう

——目標地点に到達している自分から逆算して考える

私には47都道府県を旅して移動し、各地の人たちと酒を飲み交わし歌を唄って現地の人のビジネスや人生の悩みに無料で乗っていきたいという夢があります。私にできることで、ご縁のあった人たちが抱える問題を解決していく風来坊になりたいのです。ロールモデルは『男はつらいよ』の寅さん！　ちょっと浮世離れした夢でしょうか。でも、けっこう本気で目指しています。

また、歌を歌って全国を行脚したいという夢もあります。そのために、世間から認められるミュージシャンにならなければとも思っています。

これらを達成するために、私は「すでに目標がかなった自分の視点」から逆算して道筋を考えるようにしています。自由気ままに旅したいなら経済的な自立が必要ですから、ビジネスでしっかり結果を出そうとか。ミュージシャンとしての実績を積むために、どんどん大きなライブ会場を予約して予定を組んでいこうとか。すべて、かなえる前提のスケジューリングです。

現状から一歩ずつ……と考えるとはるか遠い夢のように思えますが、すでに夢がかなった高い視点から見てみたら、壮大な夢でも案外やることが明確になってきます。

あとはその階段を、まるでそれを登るのが当然かのごとく、駆けあがっていくだけです。

36

自分を見くびったり過小評価したりしない

――謙虚な姿勢と過小評価は違うもの

私のコミュニティや音楽ステージの創り方は、自分以外の誰かを表舞台に上げることがテーマのひとつです。

表現に挑戦したい人たちのなかには、自分のことをとても過小評価している人もいます。本当はすばらしい才能をもっているのに、やりたいという気持ちがあるのに、自分を見くびってしまっているのです。

それって一見、優しい人、謙虚な人のように見えるかもしれないけれど、私には「保身」のように見えてしまいます。せっかくチャレンジする舞台に出てきたのだから、もっと自分の才能を信じて、前に出てほしいというのが私の願いです。

どんな状態でも、まわりとの差に委縮するような場面であっても、自分はすでにすばらしいし、可能性はいくらでも広がっています。

「最高を望むとしたら、どうしたい？」

口癖のように問いてみてください。スタートラインはいつも最高の状態にセットしておくこと。ここをミスると、自分への評価はますます小さくなっていく一方です。

あとから調律ならいくらでもかけられます。だから、まずは自分を最高の状態に位置付けてください。

過大評価するくらいがちょうどいいのです。

37

出る杭は打たれるけれど出過ぎた杭は打たれない

——打たれたら才能がある証拠。
そのまま突き進もう

「出る杭は打たれる」という言葉がありますが、これは「出過ぎた杭は打たれない」という意味だと私は解釈しています。

例えば、大人になると、もって生まれた容姿をメイクやファッションで隠そうとしますよね。時には強調したり、目立たせないようにしたり、いろいろと補正をかけていくと思います。これと同じように、自分の才能や能力にも、補正をかけている人が少なくないのではないでしょうか。

私たちは本来、何も手を加えなくても「あるがまま」で十分素敵です。もしもそのあるがままが「生意気」だと叩かれたら、そのまましばらく打たれてみてください。反対側の壁を突き破って杭を外の世界に出しましょう。すると、もう誰も叩いてくることはありません。らちが明かない、何をいっても効かないと思わせたらこちらの勝ちです。

私も音楽活動を始めた頃は、いろいろと揶揄されました。調子に乗っているとか、ミュージシャンでもないのにとか。けれど、楽曲を次々とつくり、本格的なミュージックビデオまでつくって表に出ていったら、もうネガティブな声は聞こえなくなりました。「手に負えねぇな」そんなふうに思ったんじゃないでしょうか。だから、自分の好きなことに突き進もうとして誰かに叩かれたら、それは「ここを伸ばしていきなさい」という目印です。そのまま突き抜けて、他の追随を許さない自分になりましょう。

SENSEFULL WORK

38

ネガティブな人ほど現実創造が得意

——自分が大切にしていることに気付くためのサイン

意識が現実を創るなら、ネガティブなことは考えてはいけないのでしょうか。そんなことはありません。むしろ私はネガティブ大歓迎です。「恐れ」を超えた先に、自分の本当の「才能」が待っているから。恐れに許可を出せば制限が外れていくので、抑え込んでいた才能がどんどん開花していきます。センスフルに生きたいなら、ネガティブな感情こそ見逃してはいけない才能の種だと思ってください。

最近イライラしたことはありませんか？　寂しいと感じたこと、心がギュッと苦しくなったことは？　感情的になったということは、そこに自分の大切にしていることや、何かしらの想いが眠っているというサインです。

怒っているのは、大切なものが大切にされていないと感じたから。

悲しいのは、あるはずのものがないと感じたから。

寂しいのは、誰も理解してくれないと思ったから。

不安なのは、わからないことがあるから。

ネガティブな感情の裏を返せば、隠れていた自分の本音が見えて、自分が大切にしているものに気付けます。恐れを感じた分だけ自分を知り、そしてそんな自分を許していけるのです。自分に制限をかけるものがなくなれば、ますます才能は発揮されます。惜しみなく自分の才能を世に出し、本当の自分を生きていきましょう。

WORK

なぜなぜ垂直分析で自分の魂の声にたどり着く

私は常に考えています。この言葉いいなと思ったらメモ。なんか心に引っかかるなと思ったらメモ。仕事に生かせるアイデアが思いついたら即座にメモ。
直感の消費期限は3秒といわれるほど瞬間的なものなので、すぐにｉＰｈｏｎｅのメモ機能を開きます。

正直、気が進まないのは自分のネガティブな感情と向き合うことです。
でも、その小さな違和感を取りこぼしたら、ずっと心に残り続けてのちのち厄介になるので、気付いたときに処理するよう心がけています。もう癖ですね。すぐ取り組まないと気持ちが悪くなるんです。

例えば、誰かに言われた一言がなぜか引っかかってモヤモヤしているとします。そうしたら自分との脳内対話がスタートです。

「なんでモヤモヤしているの？」
「なぜその言葉が引っかかったの？」
「なぜそう思ったの？」
一つずつ階層を降りていくように「なぜ」「なぜ」と垂直分析していきます。

すると、大元の原因となっている真犯人が見つかるのです。そこにたどり着くまでは、自分の弱い部分と向き合わないといけないのでしんどいこともあります。

でも、意外とその真犯人はたいしたことではないのです。実はささいな思い込みを引きずっているだけだったりします。

「ああ、私はここで引っかかっていたんだ」
「今まで気付いてあげられなくてごめんね」

そうやって自分で向き合って、否定せず受け止めてあげると、やがてカタルシスが起きて自己受容できるようになっていきます。

カタルシスが起きれば、自分を制限するものが取れたということなので、また一つセンスフルになったということです。

39

ネガティブな気持ちはあなたに抱きしめてもらえるのを待っている

――向き合えば味方になってくれる大切な感情

ネガティブな感情は、放置しておくと生ごみのように臭いがしてきます。何度も同じようなことでつまずき、その度に臭いがぶり返すのです。だから、なるべく早く向き合ってほしい。そうしてポロポロと出てきた感情を、一つひとつ丁寧に抱きしめてあげてほしい。

すると、案外つまずいていた理由はシンプルだったんだと気付くこともあります。さっきまで、ふたをして隠していたためにザワザワしていた感情が、一気に解放され、落ち着きを取り戻していくのです。

ネガティブな感情は、自分自身に抱きしめて消化してもらうのをずっと待っているんですね。

一方で、今すぐには向き合えないという場合もあるでしょう。そんなときは、今は向き合えないんだという状況をいったん理解して、未来の成長した自分に託すと決めて冷凍保存しておくという手もあります。いつかそこと向き合うと決めたときに、余ったごはんのように解凍して味わってみてください。

問題なのは、見なかったことにすること。これでは成長のチャンスを逃してしまいます。ネガティブな感情は放置すればやっかいだけど、向き合えば一変して、自分を成長させてくれる心強い味方になってくれるのを忘れないでください。

40

感情未処理のままじゃ チャンスはつかめない

――自分らしく生きるためには
クリアしないといけない壁がある

ネガティブな感情を未処理のままため込んでしまうと、自分の人生にフィルターをかけてしまいます。目の前の出来事や、新しく出会った相手は、過去に自分を苦しめた経験とは直接関係ないはずなのに、いつまでも焼き回しされたトラウマたちが足を引っ張ってくるのです。

例えば、過去に職場で年上の女性からいじめられたと感じる経験があったとします。すると、新しい職場に移っても、年上の女性とはなんとなく距離をとりたくなったり、ぎこちない態度になったりしてしまうことも。でも、もしかするとその女性は、自分にチャンスをくれたり立場を引っ張り上げてくれたりする可能性もあるわけです。それなのに、過去の感情に引っ張られたままでいたら、チャンスが一つ、また一つと減っていってしまいます。つまり、自分の成長にストップをかけてしまっている状態です。

もし、いじめがつらかったときの感情としっかり向き合って、感情を処理していたら、先入観なく次の出会いに進め、チャンスをつかめていたかもしれません。

逃げることは一つの処世術としてはいいかもしれないけれど、あまり成長は見込めません。もっと自分らしく生きていきたいなら、いつかはクリアしていかないといけないことがあります。

感情の処理が、現実を、自分の才能を開かせるのです。

41

ネガティブの向こう側にあったのは愛の影響力

――思い込みを手放して愛あるメッセージを届けていく

「なぜ言海さんは影響力をもつことを怖がっているのですか？」

数年前、この一言が私の背筋を凍らせました。そして次の瞬間には反発したくなったのです。一体なんのことだと。予想外に強い反応だったので、私はすぐに感情と向き合いました。確かに、影響力を恐れている自分がいたのです。理由は、影響力をもつと悪い人になると思い込んでいたから。影響力を使って人をコントロールしたり、搾取したりする人を何人も見てきました。だから私は、もっと音楽活動をしたいと思いながらも、目立たないように長年ブレーキを踏み続けていたのです。でも、冷静に考えれば影響力のある人が全員悪人なんてことはありません。影響力を愛のパワーに変えている見本となるような人が、私のまわりに少なかっただけ。それに、善悪なんて一方向から見ただけではかれない。私の視点だけで決めつけるのは独りよがりだと気付きました。

ならば、私の価値観や在り方で、影響力を愛に使えばいいのだと思えたのです。社会をもっと良くしたい。愛あるメッセージを多くの人に届けたい。だったら認めなきゃいけない。もっと影響力が必要だ。こんな大切なメッセージに気付けたのだから、ネガティブな思い込みがあったことに感謝したいです。恐れの向こう側にある世界は、自分のど真ん中を生きることができる世界。一人でもそんな生き方ができる人を増やすために、私はさらに影響力をもって、愛の力に変えていきます。

42

「ME」ではなく「WE」で行動すると夢がかなう

――聖徳太子も説いている波動を上げる方法

結局すべては周波数です。周波数を７９．５ヘルツに合わせればナックファイブのラジオが流れてくるように、波長が合ったものを私たちは受信して、現実に映し出しています。願いをかなえたいなら、願いがかなった状態の周波数にチャンネルを合わせることが重要です。このとき、自分だけがまわりから抜きん出たいという競争意識は捨てましょう。同業者のあの人やこの人と比べて彼らに負けないようにがんばっても、それは周波数的には「すでに負けている」という低い状態です。いくら奮闘して努力しても、思ったような成果は得にくいでしょう。がんばるほど空回りなんてつらいです。

　じゃあ、周波数を上げて成果を出すにはどうすれば良いのか？　その答えは、日本の先人たちが教えてくれています。

　聖徳太子は、十七条憲法の第一条で「和を以て貴しとなす」と言いました。奪い合いじゃなくて、助け合い。何を行うにもみんなで仲良く和合する大切さに触れています。数々の震災や疫病などの苦難を乗り越えてきた日本人は、みんなで助け合い、分かち合うことで全体の周波数を高め発展をとげてきました。個人で競い合う「ＭＥ」ではなく、みんなで一緒に前進する「ＷＥ」の意識が、周波数を高め、より良い現実をかなえていくのです。意識がなかなか突き抜けないと感じたら、ＭＥではなくＷＥの周波数に切り替えてみてください。

COLUMN

自分にとって望ましい常識を先に作ってしまった話

私の起業家としてのスタートは、大人3人で設立した法人でした。役員報酬はそれぞれ50万円に設定。どんなに売り上げが良くても悪くても50万円で固定です。つまり、毎月150万円の支出が決まっているわけで、それにプラスして賃料やその他の経費を計上すると、毎月200〜250万円は出ていくことになります。

この枠組みからスタートしているわけですから、当然売り上げは毎月300〜350万円はないといけない。つまり、これくらいの売上が当たり前という意識になるので、まるで呼吸するかのように自然と300万円くらいは見えてくるわけです。

がんばればがんばるほど稼げるとか、特別なスキルがあるから売れるとか、そういう問題ではありません。要は、「どれぐらいの売上が当たり前だと感じているか」が重要になってきます。

このときの私たちは、その当たり前を「月商350万円くらい」だと最初に設定したということです。先に常識のほうをつくって、それに自分たちを合わせていったともいえます。これも、まさに意識が先にあって現実が後から想像された例です。人生は、やっぱり思ったとおりにしかならないんですよね。

CHAPTER 03

感覚と言語化

SENSEFULL WORK

AIにはない人間だけの強みを強化しよう

テクノロジーの進化は留まるところを知りません。AIが人間の代わりに思考して、文章まで書いてくれるようになりました。検索窓に疑問を打ち込めば、なんでも即座に返答が返ってくる時代です。

でも、椅子に座ったまま指を動かしているだけでは出てこないものがあります。それは「体験」です。自分の足で稼いだ体験は、他のどこにもなく、自分のなかのライブラリーにしか蓄積されません。

ということは、誰でも手にすることのできる「知識」の価値は目減りしていき、逆に自身の行動によって得られた「体験」の価値は、これからますます高まっていくと考えられます。

本章では「感覚と言語化」についてお伝えしますが、感覚を刺激するのは何かというと「体験」です。原体験がないとわからない話って意外と多いです。

例えば、好き嫌いがはっきり分かれるかもしれませんが、ジェットコースターに乗ったことがある人には、あの独特な体感はイメージできると思います。

ですが、一度も体験したことがない人は、いまいち想像できないはずです。ネットで「ジェットコースター　感覚」「ジェットコースター　感想」などと検索すれば、「内臓が浮くような感覚」「ふわっと体が軽く浮くような」といった情報が出てくるので、ざっくりとしたイメージはつかめるかもしれません。

ですが、外から取り入れたばかりの知識で、いくらイメージを膨らませたり、言葉にしたりしてみても、なかなかそこに感情は乗っからないです。上辺だけの単語の羅列になってしまうでしょう。

つまり、検索して得た「知識」にはほとんど付加価値がなく、自分の感覚も広がらないのです。単純な話ですが、要はいろいろな体験をしたほうがいいよねということです。そうすることで、感性はよりセンスフルになり、発する言葉にもリアリティが増していきます。

誰もが公に向けて発信していける時代です。その言葉に自分の感性を乗せるために、必要なことを考察していきましょう。

43

AIは答えてはくれるけれど「感じ」てはくれない

――書かれていない言葉もくみ取れるのが人間

ＡＩ時代が本格化していったら、「知識」は機械の専売特許になっていくかもしれません。となると、私たち人間に求められるものは、ＡＩにはない〝人間らしさ〟になってくるでしょう。それが、感情・感覚・感性などです。過去のデータから学んでいるＡＩは、正確な答えを出すのは得意だけれど、感じてはくれないのです。

私の学生時代にヒットしたモーニング娘。の『サマーナイトタウン』という歌のなかに、こんな歌詞があります。

「大嫌い、大嫌い、大嫌い、大好き」

この言葉の意味をＡＩに聞いてみても、きっとどんな感情なのか読みとれないと思います。大嫌いなの？　大好きなの？　真逆の感情をぶつけられて混乱してしまうでしょう。でも人間の私たちには、その言葉の真意がわかりますね。めちゃくちゃ好きなんじゃん！　と。これが感じる力です。

文章と文章の行間、言葉にならない想い、会話の空白、そんな余白の部分から何かを感じとる力が、人間に与えられた専売特許です。

しかし、この感じる能力には人それぞれ差があります。知識やデータだけに頼り続けていると、感じる力が衰えていってしまうのです。今こそ自分のなかに眠る、「感じる力」を呼び覚ましてください。

44

見えない「感覚」をビジネスに変えるには「言語」が必要

――感覚も言語化も両方鍛える秘策とは

「なんとなく良いと感じた」「直感的にこれだと思った」

理屈はないけれど、なぜかピンと感じた経験はおそらく誰もが一度はあるはず。こうした感覚は、仕事においてもプライベートにおいても、良い結果につながりやすいといわれています。

ですが、「なんとなく……」の状態のままでは粗さが目立ってしまいますね。感覚を仕事に投影しようとするなら、相手に伝わるように言語化する必要があります。言葉とは、自分の想いを伝えたり相手の考えを聞いたりして、お互いの感覚をすり合わせていくためのツール。他人との間にある隔たりを橋渡ししてくれるものです。

ＡＩ時代には、人間の「感覚」を伸ばすことが大切と先述しましたが、いくら感覚が洗練されてもそれをアウトプットできなければ世の中には伝わりません。どんなにすばらしい理念や興味深いバックストーリーをもっていたとしても、それを言葉にできなければお客様には響かないのです。

だから、感覚も言語化もどちらも磨くことが大切。それを磨いてくれるのが「体験」です。体験するから感覚を味わうことができ、感覚を得たから言葉が湧き上がってきます。つかみどころのない感覚を、言葉というツールを使って、見える化させていきましょう。

45

直感が降ってくるのは偶然ではなく必然

――直感を引き起こすには右脳と左脳の行き来が必要

「直感」という言葉は「降ってくる」という表現とセットで使われることが多いですが、実は偶然降ってくるものではありません。降るべくして降ってくるのです。

直感を引き起こすには、まずは材料となる情報からそろえましょう。自分の意識のなかに、ブラックホールみたいに広がる無限の世界があるとイメージしてください。そのなかには、これまで得てきた知識や体験してきたときの感覚、記憶、さまざまな情報が浮遊しています。一つひとつの情報はただ浮遊している状態なので、そのままではアイデアにはなりません。ですがあるとき、時間も場所も事柄も、まったく違うフォルダに入っていた情報同士が結びつき、それが意識にフッと降りてくるのです。

つまり、ブラックホールのなかに情報が入っていなければ、そもそもアイデアとして降りてくることはありません。普段、金融情報に触れていない方に「シリコンバレー銀行の倒産」に関する直感は降ってこないということです。ということは、ブラックホールに参照できる情報がたくさんあればあるほど、直感も湧いてきやすくなります。「直感」とは一見、右脳的な働きのように思われますが、実はそれを引き起こす前段階として、どんな情報をもっているか、どんな知識を取り入れているか、そういった左脳的な働きも関わっているのです。右脳と左脳の行き来でセンスフル・ワークな状態になれば、必然的に直感は降りてきます。

46

幅広い情報の蓄積がいつか必ず役に立つ

――興味の範囲外にある情報こそ貴重な直感の材料になる

意識のブラックホールにある情報を増やすにはどうすればいいでしょうか。私はなるべく生に近い情報に触れるようにしています。さまざまな分野の人と話したり本を読んだりして、各業界の話に触れるのです。とくに、人と会って話すことで得た知識はリアリティがあります。普段まったく触れない異業種の方の話ならなおさら貴重です。もちろん、直接自分が体験して得た知識や感覚には敵いませんが、人から聞いた体験談は「間接的体験」として十分参考になります。

例えば異業種の集まりに参加すると、普段自分から知ろうとしない情報に出会えます。興味の範囲外にある情報と出会うことで、意識のブラックホールがさらに広がり、参照できる情報がどんどん豊かになっていくのです。今の自分には関係なさそうなジャンル、すぐに必要なわけではない情報が、のちのち予期せぬ直感につながる可能性は十分あります。

私は業界を問わずさまざまな業種の方のコンサルティングをする機会があるので、その方の人生背景を理解しようとしたり、業界の現状について真剣に耳を傾けたりします。いろいろなジャンルの知識に触れていると、共通点のなさそうな業界の成功例が、意外と参考になると気付くことも。ブラックホールの情報に消費期限はありませんので、どんどん貯めていきましょう。時空を超えて、いつかきっと役立つときが来ます。

47

長距離移動でインスピレーションの源泉に触れる

――日常から物理的に離れるほど思考はクリアになる

最近、日常から離れて自分を癒す旅「リトリート」が人気です。私もよく開催していますが、都会の喧騒から離れて大自然の空気を浴びる時間は、何度経験しても新鮮な感動に包まれます。この「自分をクリアリングする時間」の贅沢さこそ、リトリートブームの理由ではないでしょうか。

なぜクリアリングできるのかというと、普段の生活環境から〝物理的に〟距離が離れるから。日常的に受けている周囲の人からの想念が届きづらくなるため、思考がクリアになり、感性がニュートラルな状態になるのです。想念のなかには「あの人元気かな」といったポジティブなものもあると思いますが、想いのエネルギーが無自覚のうちに飛び交っていることに変わりありません。それらが長距離移動によって届かなくなれば、自分の魂の声が聞こえやすくなるのです。何にも邪魔されずに自分のソースとつながった瞬間、インスピレーションは湧き上がってくるでしょう。

移動と想念の関係は、学術的に説明できるものではなく、あくまで私の感覚としての見解ですが、実際に日本の国内旅行先でもっとも人気が高いのは、北海道と沖縄ですよね。土地そのものの魅力が豊富なのはもちろんですが、日常から遠く離れた場所だからという理由も一因のように思います。普段見聞きしている世界から距離を置き、クリアな頭で考えたアイデアは、きっと自分の魂からの答えです。

48

この世でもっともクリエイティブな存在は大自然

――自然が与えてくれる感動のなかに貴重なヒントがある

リトリートのメリットのひとつは、長距離移動で人の想念が届かなくなることですが、それ以上に大自然に触れられることのメリットは大きいです。大自然は、いつも私たちに、圧倒的な姿を見せてくれます。

木、川、山、海、滝、こうした自然は人が創れるものではありませんね。

これまで、人間はあらゆるものを創り出し、今では人工知能まで生み出しました。にもかかわらず、自然そのものを創り出すことはできないのです。破壊はできても……。

この世の中で、もっともクリエイティブなものは自然ではないでしょうか。

もっともアーティスティックで、希少性の高い存在は、大自然そのものではないでしょうか。

そんな、人間の能力を圧倒的に凌駕する自然に触れることによって、私たちの五感は刺激され、よりクリエイティビティを発揮するきっかけをもらえるのだと思います。

私は新しいサービスを考えたり、歌詞を書いたりするときは、なるべく自然のなかに身をおくようにしています。自然を前に感じる胸の高まりや安心感、心が高い波動で振動している感覚をしっかり味わいながら、

「これと同じような感動を自分も誰かに与えたい」

と、大自然に誓うのです。

WORK

感動を生むアートマーケティング

アート作品や大自然の息吹に触れて、心を動かされた経験はありますか。そのとき心に生まれたインパクトは、ビジネスに生かすことができます。

琴線に触れるようなアートに出会ったり、どこか懐かしさを感じるような神社に足を踏み入れたりしたときの心の機微。そこには、自分の魂の震源地があります。同じようにビジネスを通してその震源地を揺らすことができれば、まだ世の中にはない新しいサービスや価値観を提供できるでしょう。アートで磨いた感性を、ビジネスに生かすことができるのです。

ここでは、私が実際にアートをヒントにしてサービスを構築する際の流れを紹介します。よくある「ＰＤＣＡ」の前に「Ｓ」を加えた法則です。

【ＳＰＤＣＡの法則】

ＳＥＥ……観察。アートや大自然に感動した瞬間の自分の心の動きを注視してその気持ちを味わう。

PLAN……直感。やりたい企画を思いついたら、それは直感的にSEEと同じような感動を自分にもたらすかどうか感じてみる。もたらすならDOに移り、もたらさないなら移さない。
DO……行動。やると決めたら職人気質になって実直に遂行。各分野のプロにも頼る。
CHECK……評価。DOをしながら評価して、必要なら微修正をかけていく。
ACTION……再構築。ブラッシュアップして次回のサービスに生かす。

よくあるPDCAは、私も普段から回す癖があります。

ですがこの場合の「P」は、過去のデータからはじき出したロジックによって導き出したものなので、ある程度の結果は出せるかもしれませんが、自分の心が楽しさを感じるかというと、そうともいえません。

自分の気持ちが乗らなければPRもできず、販売促進できないので結果うまくいかないことが多いのです。

その点、アートをヒントにした「S」を取り入れれば自分の波動も上がるため、まわりにその波動が伝播し、想定以上の売上になることも珍しくありません。

49

気分も自己肯定感も香りひとつでコントロールできる

――気持ちを切り替えてくれるお気に入りの香りを見つけよう

視覚、聴覚、味覚、嗅覚、触覚、これら五感のなかで人の記憶にもっとも影響を与えることができるのは、嗅覚だといわれています。塩素のきいたプールの匂いを嗅ぐと、小学生の夏の記憶が蘇ってくることはありませんか？　あれが嗅覚の力です。

香りは体験とセットで記憶されているため、そのときの感情を瞬時に思い出すトリガーになります。他人に抱く印象においても強い影響力をもつといわれているほど、重要な感覚です。

そんな香りの力を借りれば、自分の気持ちをコントロールすることもできます。嫌な感情に陥ったときにいつでも気分転換できるよう、お気に入りの香りを用意しておきましょう。入浴にバスソルトを使えば、塩の浄化作用も相まって一石二鳥です。私はいつもオーガニックアロマのバスソルトを使っていて、オフィスにも自宅の仕事部屋にも、香りのアイテムは必ずそろえています。なぜなら、自分の気持ちにどれだけ影響を与えるか、ひいては仕事のパフォーマンスや夢をかなえていくための原動力になるかを知っているからです。

自分に手間をかける行為は、「私は自分を大切にしている」というメッセージになり、自己肯定感にも良い影響を与えます。香りひとつで気分が変わり、自己肯定感が変わり、そして未来が変わっていくのです。香りの力をあなどってはいけません。

50

バランスを崩せば まだ世の中にはない アイデアが見つかる

――1000円カットもLCCも
バランス崩しで一気にメジャーに

感覚、感性を刺激する方法のひとつに「バランス崩し」があります。今すでにあるサービスの当たり前を疑い、あえて引き算してバランスを崩してみるのです。

例えば、今はもうすっかり定着している1000円のヘアカット。それまで、美容室に行けばシャンプーとドライをしてもらうのが当たり前でしたが、その当たり前をなくして美容室の常識のバランスを崩しました。

安くて早く仕上がる1000円カットは瞬く間に広がり、今では新しい常識のひとつになっています。

飛行機の機内サービスも、実はなくてもいいんじゃないかという引き算の発想から、格安航空会社が増えていきました。

このように、既存のサービスのバランスを少し崩すことで、新しい発想が生まれ、顧客からの支持を集めている企業があります。

サービスの売れ行きがいまいちだと、私たちはついつい過剰に何かを付けたそうとしてしまいますが、実際にはもうすでに十分足りているのかもしれません。本当はなくてもいいものを思い切って差し引いてみてその分コストを下げたほうが、共感してくれる人が増えることもあるのです。

51

音楽業界の「リミックスの法則」はビジネスにも役立つ

——既存の物を組み合わせて新しい価値を創造する

音楽業界には「リミックス」という手法があるのですが、これってビジネスにも役立ちます。原曲を少しアレンジして、たとえばユーロビート調にしたり、アコースティック調にしたり。昔、浜崎あゆみさんのリミックスアルバムがよく出ていましたが、あれです。つまり、既存の楽曲をさまざまなジャンルと組み合わせて新しい作品にアップデートしているのです。

これと似たような考え方をしてヒットしたビジネスがUber eatsやSpotifyなど。Uber eatsはタクシー×地図アプリのリミックスですし、Spotifyはラジオ×ライブラリー機能をリミックスしています。既存のもの同士をミックスすることで、新しい価値が創造されるのです。

今のビジネスがうまく回っている人ほど、そのやり方に固執してしまい、稼ぎ方やプロモーションの手法がパターン化されやすくなります。でも、今から3年後にはおそらくほとんど役に立たないでしょう。

それに、ずっと同じことを繰り返していると自身もお客様も飽きてしまいます。つまらなさの波動は売上にも響くものです。だから、常にリミックスの考え方は頭の片隅に置いておきたいもの。一新する必要はなくて、新しいものを少し加えたり、逆に差し引いたり、組み合わせたりして新鮮さを蘇らせるのです。

52

やっぱり人間って新しいものが好き

――なぜ肩こり解消本は次々と出版されるのか

悲しいかな、世の中、新しいものにしか興味がないんです。「世界最古の営業の成功法則」よりも「最新の脳科学で解明された98%成功する営業方法」のほうがきっと多くの人が食いつきます。出版業界では一年に約7万点もの本が出版されているといわれています。毎日のように、同じジャンルの本が出ているわけです。なぜかというと、これまでとは違う目新しい方法や考え方があれば、企画になるからです。

例えば、「肩こりを解消する本」ってたくさんありますよね。歴史上、おそらく何百冊、いや何千冊と、同じテーマの本があると思います。なぜこれほど本になるのかというと、次から次へと新しい方法が発見されているからです。

以前、私も肩こりに関する本のPRに携わったことがありました。その本は「手のひらの向き」に肩こり改善のコツがあるという斬新な内容で、けっこう売れました。これまで思いもつかなかったような発想に人々は飛びつくのです。たった◯◯するだけというシンプルさも良かったのでしょう。

つまり、すでにあるサービスやジャンルに1~2エッセンス加えるだけ、または差し引いてみるだけで、多くの人が手に取る一冊になります。これから本を出したい、いつかは著者になりたいという人は、新しいジャンルを開拓するよりも、すでにあるジャンルや考え方のなかに新たな魅せ方が眠っているので探してみてください。

53

言葉のアウトプットスキルは誰でも鍛えられる

——知識や経験を自分の血肉にするためには

どんなに豊かな発想力をもっていても、すばらしいアイデアが降りてきても、それをビジネスとして成立させたいなら、言葉のアウトプットスキルは不可欠です。ですが、想いを言葉にして伝えるのが苦手という人は少なくありません。

そんな場合は、「言葉の参照枠」を少しずつ成熟させていきましょう。たくさんの本を読んだり人と会って話を聞いたり、自分自身で体験を増やしたりして、情報〝自体〟はたくさんもっていても、それらを自分の血肉に変換することが、おそらくまだできていない状態なのだと思います。

血肉にしていくために大切なのは、一つひとつの経験を咀しゃくして味わうことです。丁寧に咀しゃくをしなければ、せっかくの経験も血肉にならないまま流れていってしまいます。逆にしっかり噛んで味わえば、言語化能力は鍛えられ、必要なときに即座に取り出せる参照枠は着実に増えていきます。

実は言語化能力に、向き不向きの差はほとんどないのです。だから、苦手意識をもっている方でも大丈夫。私自身、もともと文章を書くことが苦手でしたが、今ではコピーライターの仕事をするようになりました。言葉は、誰もが日常的に使っているもの。そこに意識を向ければ、いつからでも、どんな人でも、言葉のアウトプットスキルは強化していけます。

54

「言葉」に関する苦手は誰でも克服できる

——トーク音源を書き起こせば言葉も思考も成熟していく

人によって得意不得意はそれぞれあります。ダンスが得意な人もいれば、衣装づくりが得意な人もいるし、数字管理が苦手な人もいれば、人前でのプレゼンテーションが苦手な人もいます。それらは自分の個性を織りなしていくものだから、不得意なことを無理に克服しようとする必要はありません。

ですが、こと「言葉」に関しては、誰でも克服できるものです。文章を書くことが苦手でなかなかブログが書けないと思っている人でも、それは苦手〝意識〟をもっているだけであって、日常では他人と言葉を介してコミュニケーションがとれているのではないでしょうか。

かくいう私も、もともと文章を書くのが苦手でＳＮＳの情報発信は、腰が重くなるタイプでした。でも、昔から喋ることに関してはわりと得意だったのです。話せるのに書けない……。そこで自分のトークを録音して、使えるなと思った言葉をメモに起こし、書き言葉にして文章をつくる練習をしてみました。すると、文章にするにはこういう言葉が足りないな、間に一言クッションが必要だなと、伝わりやすい文章の形が見えてきたのです。しかも、録音を聞くことで普段自分がどんなことを考えているのかが客観視でき、自己対話のきっかけにもなりました。意見を成熟させるのにかなり有効な方法です。言葉は普段の意識次第で、苦手が得意に変わることも十分あり得ます。

55

言葉の力で現実は動く

――幸せな気分になれる言葉を使えば幸せな人生になる

「言葉が現実を創る」と言ったら、信じられますか。実は、大昔から、世界的にもその考えはあるようです。

例えば、欧米には「アファメーション」という考え方があります。アファメーションとは、言葉の力で現実を好転させるメソッドのひとつで、ポジティブな言葉によって潜在意識に良いイメージを刷り込むものです。そして、それが自分の意識や行動を変え、現実を動かす力になると考えられています。

となると、普段どのような言葉を使っているかで、その人の未来はある程度決まってくるといえます。豊かで幸せな人は、普段から豊かで幸せな気分になれる言葉を使うし、運気が悪い人は総じて日常的に愚痴っぽいです。おまけに、聞いているこちらまで気が滅入ってしまうような言葉を使ってしまいがちです。

また、日本では古くから、言葉には霊力があり、言葉にしたことは現実になると考えられてきました。これを「言霊」といいます。

例えば、神社で正式参拝をすると神主さんが祝詞をあげてくれますが、あの祝詞の言霊によって場が浄化され、参拝者の願いを神様に届けることができるのです。

言葉の力は、思っている以上に強力だと思って、普段からもっと意識を傾けて、自分が望む未来にふさわしい言葉を発してみてください。

WORK

言葉のアウトプット力を圧倒的に高める

日々、言葉の海のなかを生きている私たち。なんとなく使っているものですが、意外と共通項をもっているものが多いです。それらを見つけてアウトプットしていく練習をすれば、自然と言葉の咀しゃくにつながり、ただ漂っているだけの言葉を自分の血肉に変えていくことができます。

似たような事象はないか想像して、比喩表現をしてみましょう。

「さんさんと太陽の光が降りそそいでいる」様子を人の表情にたとえるとどうなるでしょうか。

「くったくのない笑顔のような天気」といえるかもしれません。

シンガーソングライターの絢香さんの『三日月』という歌のなかで

「今にも泣きだしそうな空」という言葉が出てきます。これはどういう空模様のことでしょうか。

おそらく「いつ雨が降ってきてもおかしくない曇り空」のことですね。

つまり、雨が降り出しそうな空と泣き出しそうな人の表情には共通項があるのです。

このように、共通する他の事象と紐づけて頭のなかに入れておけば、記憶にも残りやすく、語彙力も増えます。トーク力も上がって人を惹きつけるような話ができるようになるでしょう。

天気は、晴れ、雨、曇り、雪、台風などの限られた表現でしか表せませんが、まったく同じ空模様の日はありません。

今日の天気は、人の表情にたとえるとどんな天気でしょうか？　音楽にたとえたら？　食べ物だったらどうですか？

あらゆる角度から言葉を引き出す訓練をして、言葉のセンスを圧倒的に高めていきましょう。

56

できる人の条件はしっかり準備をしていること

――自分の言葉を育てておけばビジネスチャンスを逃さない

同じようなサービスでも、言葉の伝え方次第で価値を高めることはできます。言葉は起業家にとって、絶対に手にしておきたいツールです。ツールは、いざ必要になったときにいつでも取り出せるよう準備しておかなければなりません。自分の思考を成熟させ、育てていかないことには、言葉は出てこないのです。

例えば、昨今はサービスPRのためのライブ配信が一般化してきました。コラボ配信相手とのやりとりや、視聴者からの質問に対してどんな言葉を返すかによって、視聴者の没入度は変わってくるでしょう。

最近は「可処分時間」といって、顧客が自由に使える時間をさまざまなサービスが奪い合っています。「あ〜」とか「う〜」とかいう間延びがあると、すぐに他の娯楽に流れていってしまうのです。その点、とっさに的確な言葉を返すことができれば、離脱者は少なくなり、むしろファンは増えていくでしょう。やがて大きなチャンスにつながることも珍しくありません。

「チャンスをつかみたい」という人は多いと思いますが、そのために準備をしている人は一握りです。そしてその一握りの人たちが成功していきます。ですから、いつでも言葉を取り出せるように、普段から内なる自分とのコールアンドレスポンスを繰り返し、自分の言葉を育てていきましょう。必ず未来の自分のためになります。

57

言葉磨きと内面磨きはセットで行うもの

――自分と深い部分でつながっている人の言葉には力がある

言葉に深みのある人間になるには、感情のマネジメントと自己肯定感が必要です。まず、感情マネジメントは言葉の深みにおおいに影響します。感情任せに発言していては、かっとなって相手を傷つける言葉をポロッとこぼしてしまいかねません。

私も昔はこのせいで、上司に歯向かってトラブルになることもありました。そうした反省を繰り返すうちに、感情のマネジメントの必要性を痛感し、改善していったのです。また、感情が安定していると相手とフラットな状態で対峙することができます。変な先入観や憶測がなくなるので、人間関係がより豊かになっていくのです。

もうひとつ、大きな影響を与えているのが、自己肯定感。使い古された言葉かもしれませんが、やはり自分で自分を深く理解し肯定している人、自己受容している人は人間として魅力的です。

自分と深い部分でつながっているので、魂から出てくる血の通った言葉がますますその人の人間性に深みを与えているのでしょう。

人生には、感情のコントロールも自己肯定していくことも、うまくいかないときがあるかもしれません。いつも完璧である必要はないですが、言葉は自分の感覚や意識がアウトプットされるものですから、言葉を磨きたければ、内面磨きはやはりセットになってくるのです。

58

人を動かす言葉のベースには愛がある

――ものごとの発展のために必要な4つのステップとは

言葉に深みのある人の共通点は何かと聞かれたら、シンプルに「優しい人」だと思います。その人に愛があるかないか、これが言葉の彩りに大きく影響を与えます。

私の唯一のメンターである故堀江信宏氏は、異なるものが交わって発展するためには、理解↓調和↓創造↓発展という一連のプロセスが大切だと唱えていました。

まず大前提として相手を理解すること。理解して初めて調和が生まれます。調和が生まれれば新しいクリエイションが起きます。その結果として、発展していくというのが一連のプロセスです。例えば夫婦のケースで考えてみます。カップルが互いのことを理解しようとして結婚します。結婚という調和が起きた結果、赤ちゃんが誕生します。赤ちゃんという新しい生命が創造されることで、家族として発展していきます。これと同じように、万物の成長発展は４つのプロセスを経ているのです。

ですから、言葉の力で人生やビジネスを発展させようとするなら、まずは相手を理解しようとすることが第一ステップ。自分にも至らない点があるし、相手だって完璧じゃない。聖人君子なんていないのだから、自分に対しても相手に対しても、まずはそのままの存在を理解してあげることで、調和が生まれ、創造につながり、最終的に発展していくのです。

そう考えると、言葉の力のベースにあるのは、やはり「愛」ではないでしょうか。

59

「考察」「根拠」「実践」が あなたの言葉に 力を授ける

——誰でも情報発信できる時代は
言葉の影響力を高める必要がある

言葉が力をもつためには、次の3つが不可欠です。
①考察すること　②根拠があること　③実践すること
まずは自分のなかで知識や情報、体験などを通して深く考察し、自分の意見をもつことです。借り物の言葉ではない意見になって初めて、体温を感じる言葉がアウトプットできます。

次に、その考察が事実に基づいているかどうかが大切です。客観的なデータや事実が背景にあることで情報の意味が強まります。

最後に、自身がそれを実践していること。これがなければいくら鋭い考察やしっかりとした根拠があっても説得力をもちません。教養がない人が教養について語ったり、会社経営をしたことがない人が経営コンサルタントをしていたり、太っている人がダイエットコーチを名乗っていたりすると、とても滑稽に見えますよね。言葉の力を発揮させるには、自分がそれを実践していないと効力をもたないのです。逆にいえば、実践してこそ深い考察ができ、話の根拠も生まれるといえます。

誰もが簡単に情報や知識を得て、それを発信できる時代だからこそ、自分の体験や人生経験から語る言葉しか、力をもたなくなってきました。他人の心を震わせるような言葉を発信したいなら、体を使って実践し自分自身の振動数を上げていきましょう。

60

たやすい言葉の賞味期限は短い

――マーケティングを狙いすぎると本質を見失ってしまう

RADWIMPSの『鋼の羽根』という楽曲のなかに

「容易い言葉はいつだって　賞味期限は持って3日」

という歌詞があります。

これってまさにそうだと思うのです。市場を意識したサービスをつくっていかないと売れないという現実はあるかもしれません。でも、ずっとマーケットばかり見て、他人の嗜好ばかりを意識していると、自分という本質を見失ってしまいます。

だから、作品に対して熱もこもらないし、作品の息も長くはなりにくい。

これは、ビジネスコンテンツのつくり方にしても、言葉の生み出し方にしてもそうだと思います。

自分の譲れないものは何か？　どんなことを大切にしていきたいか？　自分にはどんな素質があるのか？　誰の役に立てるのか？　そのためのポジションは？　ブランディングは？

そんな本質を突き詰めていくことで、必要な人に届く音楽、コンテンツ、言葉が造形されていくのです。しかも、長く愛されるものが。

ですから、外側の動向ばかりを意識せず、自分が好きなこと、妥協なく100％いいもの！　と思えるものを届けていきましょう。

19

業界を越境できる肩書きをもてば最強

——今の仕事を咀しゃくすればより最適な肩書に出会える

私はもともと、出版プロデューサーという肩書きで起業しましたが、現在はコピーライター、言語化のプロとしての依頼が増えています。以前は出版を希望する方がクライアントでしたが、今はさまざまな分野の方とご一緒する機会が増えました。法人名やサービス名、キャッチコピー、ＬＰ制作、プロフィール文章など、言語化の仕事に特化した途端、ジャンルの制限がなくなったのです。

なぜ、こんな変化が起きたのかというと、出版プロデューサーとしての大枠のなかで、自分が発揮していたスキルを細かく分類していき、もっとも求められている「言語化」の仕事に注力したからです。出版プロデューサーは、本の企画を考えたり、それを企画書として言語化したり、たくさんの情報を要約したり、編集したり、さまざまなスキルを要します。そのなかで、自分は言語化が得意だという傾向を見出した結果、ジャンルや立場を横断して、より多くのお客様の悩みに応えられるようになりました。

つまり、ここで言いたいのは今ある仕事内容を咀しゃくして分類し、どこかに特化した肩書をもてば、業界を越境できる可能性が高まるということです。越境すればするほど幅広い経験ができ、知見も増えます。一見共通点のなさそうな業界の成功例が、他業界の問題解決にカチッとハマることも少なくありません。

そんな越境パスポートは、あなたの仕事の小分類化によって手に入れられます。

WORK

ビジネスに使えるサービス名や肩書の言語化方法

会社名やサービス名、肩書などさまざまな場面で「名称」を考える機会がありますね。そんなとき、私が実際に行っている言語化方法をご紹介します。ここでは、私がクリエイティブ・プロデューサーを務める「合同会社 余白製作所」の社名を例に4つのステップに沿ってお伝えします。


【ステップ① コンセプトを決める】

どんなことをする会社なのか？ なぜそれをするのか？

➜目に見えないものを創る会社、本来創れないものを生み出していきたい

【ステップ② コンセプトにまつわる関連キーワードの洗い出し】

コンセプトにまつわる言葉を思いつく限りたくさん書き出す。多少関連性が離れていても問題なし。

目に見えない、作れないもの ➜触れられないもの、形のないもの、空間、時間、スピリチュ

アル、精神性、気持ち、心など。
創る会社↓造形、制作、創出、建築、構築、言語化、明文化、物質化など

【ステップ③　言い換えリフレーミングとチョイス】

類語辞典などで違う言い回しを検索する。イメージは「マジカルバナナ」のような連想ゲーム。
目に見えないものを言い換える↓空白、余白
創る会社を言い換える↓製造所、工務店、建築会社、造形会社、制作会社、製作所など

【ステップ④　テイスティングと組み合わせ】

名前は口に出すことが多く、目にすることも多いので、口に出したときの口心地の良さや字面をチェック。
↓空白と余白どちらがしっくりくるか？　両方をテイスティングし「余白」に決定。「余白」との組み合わせの良さから「製作所」をセレクトし、「余白製作所」と命名！

名前ひとつで認知度が向上したり、興味をもってもらうきっかけになったりします。言葉の力を使ってビジネスやその他の活動をさらに発展させていきましょう。

62

タイトルが思い付くまで本文は書かない

――まとまりのある伝わる文章を書くための旗印を決めよう

曲作りもビジネスコンテンツ作りも、私は同じ脳みそを使っています。例えば、楽曲を作るときは先にタイトルを決めてそれから歌詞を書きますし、新サービスの名称もこれだ！　というものが決まるまでは具体的な構成に入っていきません。もちろん逆のタイプの人もいるでしょうが、タイトル先行型にはさまざまなメリットがあります。

まず、タイトルが指針となるので、そこを目指して書くことでテーマがブレなくなります。目指す旗印があれば、制作していく過程で迷うことが少なくなり、伝えたいことを明確に伝えることができます。

例えば「起業塾」の企画を考えているとしましょう。起業といってもさまざまな準備が必要なので、コンテンツの内容は多様に考えられます。マーケティング、ブランディング、自動収益化、起業に必要な手続き、あれもこれも伝えようとしたら、話が飛び飛びになってわかりづらくなってしまうでしょう。ですが、これを最初から「ブランディング塾」という名前に決めてしまえば、ブランディングの情報からブレずにコンテンツメイキングしていけます。

最初から正式に決定する必要はなく、仮決めでかまいません。軸から外れないために最初に置いておくことが重要です。ブログの場合、いきなり書き始めるのではなくて、最初にタイトルを考えてから書き始めれば、まとまりのある伝わる文章になるでしょう。

SENSEFULL WORK

WORK

言いたいことをタイトルに落とし込むには

言いたいことを的確に表すタイトルの付け方を、新曲のタイトルメイキングを例に紹介します。

【ステップ① キーワードを選ぶ】

アイデアを出して、企画のエッセンスとなる言葉を2〜3個程度に絞り込む。

↓「未来」「希望」「望み」といったキーワードをエッセンスにしたサービスにしたい。

【ステップ② バックストーリーを考える】

なぜその言葉をエッセンスとして選んだのか、裏にある背景、きっかけを探る。

↓先行き不透明な社会が関わっていると気付く。どんなにテクノロジーが発展しても、情報社会といわれていても、私たちは数年先、数ヶ月先のことすら読めない。実際に、新型コロナウイルスの蔓延やロシアとウクライナの戦争勃発を想定して動いていた人はほとんどいなかったはず。未来が見えない、希望が見出せない、そんな社会の空気感があるからこそ一筋の光を、望みを見出していきたい。

【ステップ③　1、2を要約したワードを考える】

キーワードとその背景にあるストーリーをまとめて端的に言い表すとしたらどんな言葉になるかを考える。その要約した言葉がタイトルになる。

➜エッセンスの「未来」「希望」「望み」と、そのバックストーリーを要約すると「不安な未来を希望に変える」という言葉でまとめられそうだ。これをもう少し脚色して、不安な現状を「冬」、未来の希望を「春」にたとえて「冬を乗り越えたら春が待っている」としてもいいかもしれないし、逆に、未来が不安であることを強調して「春の訪れが不安な冬」と置き換えても良いかもしれない。

こうして、タイトルを先に決めておくと、キーワードとなる言葉やその背景まで語ることができるので、内容にブレがなくなり最短で伝わる文章が書けるようになります。

63

パラフレーズでネガティブをポジティブに変える

――一気に言葉が魅力的になる言い換えの力を取り入れよう

ちょっとした意識の違いで、言葉はもっと魅力的になります。一見ネガティブな言葉でも、裏を返せば途端にポジティブな言葉に一変するのです。まるでレコードのA面とB面で雰囲気がガラッと変わるように。ネガティブとポジティブは表裏一体です。例えば、「自分は愛想が悪い」と思っている人は、媚びない正直者という側面もあり、気疲れすることが少ないから精神衛生が良いタイプともいえます。パラフレーズするだけで、短所は長所になるのです。ゲーム感覚で言い換える練習をしていきましょう。

ネガティブ思考→リスク管理ができる人

人と比べてしまう→リサーチ力に長けている人

友達が少ない→ひとりの人をじっくり大切にする人

頑固→意志が固い人

寂しがり→他者と共存できる人

自分に対して言い換えれば自己受容が高まりますし、他人に対して使えばコミュニケーションが一気に深まるでしょう。教育にも効果的です。子供は「走っちゃダメ」と言われると、「ダメ」と言われたことに傷付きますが、「歩いてね」と言われるとすんなり受け入れます。相手の気持ちを損なうことなく自分の気持ちを伝える力、つまり現実を動かす力が、パラフレーズです。

SENSEFULL WORK

64

借り物の言葉ではなく熱量のこもった言葉を

――なぜそれを成し遂げたいのかを自分にプレゼンテーションしよう

まわりの人に応援してほしい、手伝ってほしい、認知してほしい、ならばまずは自分がそれを成し遂げたい理由を明確にしておかなければなりません。自信をもって伝えるためには、自分のなかで考えを深め、内なる意識を言葉としてアウトプットしなければなりません。

自分が考えていることに意識を向け、本当にやりたいと思っていることを知り、なぜそれを成し遂げたいのかを明確にしていきましょう。

すべての第一歩にあるのが、「問いかけ」です。自分自身に繰り返し問いかけ続け、答えを出していくのです。例えばクラウドファンディングで自分の活動に対する支援者を集めたいなら、問いかけ続ける行動が必ず必要になってきます。

私はなぜそれがしたいのか、なぜ成し遂げたいのか、成し遂げた暁にはどんなメリットをみんなに届けられるか。

まずは自分にプレゼンテーションするつもりで言語化してみてください。借り物の言葉では響きません。綺麗な文章じゃなくてもいいです。自分の内側から湧いてくる熱量のこもった言葉は、行間からその想いがちゃんとにじみ出てきます。

自分との対話を繰り返して、自信をもってその想いを社会にアウトプットしていくのです。

65

万人を動かすのは体温を総動員したぬくもりのある言葉

――耳障りのいい言葉や美辞麗句は必要ない

ここまで、感覚を言語化していく大切さについてお伝えしてきました。

ですが、矛盾するかもしれませんがここまでのお話はいったんすべて忘れてしまってもかまいません。言葉を使う際にもっとも必要なことは、文章のうまさや語彙力の多さではなく、結局は「熱量」「想いの強さ」「嘘のない純粋な気持ち」こういうところだと思うからです。言葉って、不思議なもので上辺だけ取り繕ってもバレてしまうものです。マーケティングの法則も、コピーセンスも、ノウハウも、すでに多くの人が知っていて、取り入れています。テクニックだけに走った文章はもう見飽きているし、その言葉は人と人との壁を乗り越えてはこないのです。

私の友人に、一冊の本を本気で広めたくて3年間リアカーで日本中を旅しながら本を売っていた田中克成さんという人がいます。21世紀の時代にリアカーで販売なんて信じられませんが、100kg以上のリアカーを曳いて延べ6248kmを歩き、13447冊もの本を直接売り歩くほどの熱量は、もうそれだけで説得力がありますよね。そんな彼の無骨さに一人また一人と協力者が増えていきました。「本当に良い物だから広めたい」そのためには、耳障りのいい言葉や美辞麗句は必要なかったのです。結局、人を動かすのはその人から感じられる本気度や使命感をもって生きている姿勢です。もっとも人を動かす言葉は、本人の体温が総動員されたぬくもりのある言葉なのです。

WORK

「I love you」で思考を深め言葉に力をもたせる

夏目漱石が英語の先生だった頃、「I love you」を「我君を愛す」と直訳した生徒に対してなんてつまらない翻訳なんだと漱石が言ったという話があります。

では、漱石はどう訳したのかというと「月が綺麗ですね」と言ったそうです。

今でも、男性が女性に「月が綺麗ですね」と言ったらそれは愛の告白と受け取られるという話があります。さすが夏目漱石、ロマンがありますね。

そこで、自分だったら「I love you」を「愛している」という言葉を使わずにどう翻訳するか考えてみましょう。

「あなたのことをもっと知りたい」
「いつも一緒にいたい」
「あなたの生まれた故郷に行ってみたい」
「毎日笑顔を見ていたい」

いろいろな言い回しができそうです。

今自分がもっている語彙力を駆使して、「愛」からさまざまな関連ワードを導き出したり、パラフレーズしてみたり、自分の過去の経験を思い出したりしながら、翻訳を考えてみてください。

思考が刺激されて、自分がすでにもっていた感性や言葉がどんどん熟成されていきます。

この機会に、自分だけの「I love you」の代わりになる素敵な日本語を考えてみてくださいね。

COLUMN

人それぞれ才能が違うのは天からのGIFTだという話

「凡才」という実態のない言葉が存在するために、「天才」という言葉を特別なもののように感じてしまうのかもしれません。

ですが、天才とは、ごく一部の限られた才能を持った人を指すものではなく、すべての人がそもそも先天的に何かの才能をもっていて、それを「天賦の才」、略して「天才」というらしいのです。

「天賦の才」は、英語では「GIFT」といいます。素敵な表現ですよね。私たちはみんな、生まれつき天からGIFTをもらっているということです。

だから、誰ひとりとして「凡才」はいません。

人それぞれ生い立ちや容姿、特技がバラバラなのは、多様なGIFTが与えられているからであって、優劣はないということ。そんな「天賦の才」を使って、人助けしたり、感動を与えたり、仕事をしたりすることで、社会に自分の才能を差し出せば、その対価としてお金や豊かさを感じ、生きる喜びを得ることができます。

今日も明日も、自分の才能を発揮して、喜びとお金をしっかり循環させていきましょう。それが神の思し召しだから。

CHAPTER 04

ライフワーク と ライスワーク

SENSEFULL WORK

お金を回収する仕事と魂の喜びを回収する仕事

「ワーク」と聞くと、どうしてもお金を稼ぐ仕事のことだと思いますよね。世の中に何らかの価値を提供して、その対価としてお金をいただくというビジネスの流れをイメージすると思います。でも、ワークとは必ずしもお金が介在するものだけを指すものではありません。喜びや楽しさといったエネルギーが介在するワークもあるのです。

この章では、２つのワークについてお話しします。

ライスワーク……お金が介在する仕事。価値提供の対価としてお金をいただく。

ライフワーク……お金が発生しなくてもやりたい活動。魂の喜びを回収する。

今までの時代、多くの人にとってワークといえばお金を回収する「ライスワーク」でした。ですが近年は、寝ても覚めてもそのことで頭がいっぱいになるような夢、趣味、活動にも本気で取り組む大人が増えているのです。

私の場合、それは音楽活動。自ら作詞をし、個人手配で音源制作をし、レコーディング、ミュージックビデオの撮影まで本格的にセルフプロデュースしています。総額300万円くらいのドローンなどのハイテク機材を駆使したMVもすべてYouTubeで無料公開中です。音源制作から動画制作まで、外注費を考えると1曲あたり100万円近い出費をしています。最初はまわりの人から言われました。

「キャッシュポイントはどこ？」「なぜ利益にならないことを続けているの？」

でも、私としてはお金ではなく「魂の喜びを回収するライフワーク」で、とにかく好きでやりたいことだったので、赤字や損益という概念すらなかったのです。

旅行好きな人は、大好きな旅行を楽しんだあとに「赤字になった、儲からなかった」なんて思いませんよね。私にとっての音楽は経済的利益を無視できるくらいやりたいこと。だから全力でお金も時間も魂もぶつけています。

これを、最初からマネタイズしようと思いながら活動していたら、ここまで大きな動き方はできていなかったでしょう。そして、採算度外視のライフワークと位置付けてやってきた効能が、通常のビジネスのほうにも良い影響をもたらしはじめています。人生には、生きるためのお金も心の栄養となる喜びも必要。

太陽と月があるように、陰と陽があるように、プラス極とマイナス極があるように、両方がバランスよく成り立っていることが万物の望ましい姿です。

66

幸せな成功者はライフワーク&ライスワーク保持者

――ソフトバンクユーザーが急増した理由はライフワーク?

実は、多くの「成功者」と呼ばれる方は、ライフワークとライスワークの両方をもっています。

例えば、ソフトバンクの孫正義氏は、超がつくほどの坂本龍馬ファンなのをご存知でしょうか？　ソフトバンクのロゴマークも、坂本龍馬が組織した海援隊の旗をモチーフにしているくらいです。

２０１０年、ＮＨＫ大河ドラマで『龍馬伝』が始まると、孫さんはＴｗｉｔｔｅｒで頻繁に龍馬に関するつぶやきをするようになりました。

自称「応援団隊長」を名乗り、龍馬になりきって土佐弁で「〇〇ぜよ」とさまざまなつぶやきをするように。これに龍馬ファンや大河ドラマ視聴者が反応しだし、あっという間に話題になりました。

面白くて親近感がわく、もっと応援したい、そんなユーザーが増えたのか、この年、ソフトバンクユーザーが一気に増えて、なんとシェア率第一位になったのです。もちろん龍馬のつぶやき以外にも複合的な要因があると思いますが、孫さんの話題性が影響している面も大きいはず。当の孫さん本人は、龍馬のつぶやきが本業のライスワークに影響を与えるなんて、おそらく想像もしていなかったでしょう。何かに純度１００％で熱を向ける姿勢は多くの人を巻き込み、熱狂させることを証明した面白い事例です。

67

邪気のないエネルギッシュさは人を惹きつける

——あなたのサービスを受けたいと言われるようになるためには

魂の喜びを回収するライフワークに力を注ぐと、なぜか本業のライスワークのほうもうまくいき始めます。先述の孫さんの例のように、趣味なんかにかまける暇があったら……なんてことにはならないのです。むしろ2つのワークは相乗効果で高め合っていけます。

なぜなら、好きなことに取り組んでいつもワクワクしている姿は魅力的で、自然と人が集まってくるようになるからです。いわゆる「オーラがある」「波動が高い」「エネルギーを感じる」そういう状態になれます。

心の充足感は見た目にも現れるもの。打算や駆け引きなしで、ただ単に好きなことを楽しんでいる人には邪気がなく、まるで子供のようなピュアなオーラがあります。

すると、その人自身に興味をもってくれる人が集まるので、結果的に本業のほうにも興味をもってもらえる可能性が高まるのです。

同じサービスを受けるなら、眉間にしわを寄せて目の前の売上を必死に追いかけている人よりも、なんだか心に余裕が感じられ、仕事以外の活動も楽しんでいる引き出しの多い人のほうが魅力的に映るはず。

仕事一筋の人生も良いですが、そこに魅力をプラスしてくれるのが、ライフワークのなせるわざです。

68

ライフワークで貯めた信頼貯金は、ライスワークで還元できる

——起業初年度から年商1億円を突破できた理由

大人になると、出会いのきっかけの多くは仕事が絡んでくると思います。最初からお金や損益の話になると、どうしてもビジネスライクな付き合い止まりになってしまうものです。この人の言うこと信用してもいいのか？　嘘をついているんじゃないか？　そういった冷静な目で見ても、見られても、仕方ありません。

一方で、好きで取り組んでいるライフワークを通して知り合った人は、すでに共通点があるので友達のような関係性からスタートできます。信頼関係がある程度形成された状態から始まり、どんどん盤石な関係を築けるのです。その上で本業のライスワークにも興味をもってもらえるので、最初から心が通った状態で仕事の話ができます。私自身、独立起業した最初のころは数字が良くなく頭を悩ませる日々でした。もっと経営を見直してサービスも考えていかないといけない……。そんなフェーズだったはずなのに、私は「ＧＩＦＴ」というカードゲームと出会い、そのコンセプトに感動してＧＩＦＴを広める活動に没入するようになりました。すると、この活動を通してさまざまな人と出会い、結果的に本業の出版プロデュースにも興味をもってくれる人が増えたのです。創業１年目で年商１億円を突破できたのは、ＧＩＦＴというライフワークを通してたくさんの人と出会えたことも一因に違いありません。ライフワークで貯めた信頼貯金は、ライスワークで還元できるんだと、確信をもって言えます。

カードゲームに没頭したらお客が増えた話

初めて出会った見ず知らずの人たちと、喜びのハイタッチをするような経験ってなかなかありませんよね。あって、サッカーや野球の世界大会で日本が強豪国に勝利するとか、優勝するとか、そういう瞬間にバーで一緒に盛り上がった人たちとハイタッチするくらいだと思います。

ですが、私が数年前まで活動に携わっていた「GIFT」というトランプゲームは「与えて与えてみんなで勝つ」ことがコンセプトのゲーム。これをすると、毎回みんな大きな喜びに包まれて笑顔のハイタッチが炸裂します。

この喜びと楽しさは何なんだろう！　青春じゃん！　すっかり感動した私はGIFTを広める活動に参画するようになりました。

「本業のほうもうまくいっていないのに、二足の草鞋で大丈夫なの？」

「しかも一方は、ただ楽しんでやっているだけじゃないか。それがうまくいくはずない」

そんな声も聞こえてきました。

一方は、目の前のキャッシュを追いかけ売上を立てることばかりに躍起になっている仕事。かたやもう一方は、参加費数千円のみの集客でほとんど利益にならないにもかかわらず、心が満たされるからやっている仕事。

一見、交わることのなさそうな2つの取り組みですが、面白い化学反応が起き始めました。

GIFTを通して毎月50〜60人の人と出会うようになり、楽しさの波動を高めていた頃、徐々に聞かれるようになったんです。

「言海さんってGIFTの活動ではほとんど収益ないですよね？　本業は何をやっているんですか？」

と。そこで出版のPRをしていることを話すと、SNSでつながってくれたり、出版の相談をしてくれたり、PRで関わった書籍を買ってくださったりする方が増えたのです。

まるで、ライフワークで貯めた貯金を、ライスワークを通して引き出しているような循環が起き始めました。二足の草鞋で大丈夫か？　と心配されたけれど、どちらも自分にとって必要なもの。

二足じゃなくて「一足の魂」で生きていれば、お金も好きも循環するのです。

SENSEFUL WORK

69

「好きを仕事にする」の落とし穴に気を付けよう

――経済なき道徳のままでは寝言になってしまう

「好きを仕事に」「好きなことで起業しよう」というスローガンの本やキャンペーンは、これまでたくさん出てきました。けれども、最初からマネタイズを目的にすると、せっかくの崇高な波動が苦しむようになってしまいます。ワクワクすること、心から楽しいといえること、使命感を掻き立てられること、これらをビジネスにしようとして、志半ばで挫折しそうになっている才能ある方たちをこれまで何人も見てきました。

話を聞くと、まるで過疎地に店を構えてダイヤを売ろうとしていたり、山で漁船を売ろうとしていたり、的外れなところで夢を追っているケースが多いのも事実です。人の話を聞くことが好きだからといって、「月々10万円で私の話を聞いておくれ」なんていうお客様はそうそう現れない。けれど、好きの熱量が先走って本質が見えなくなると「あり得ない」に気付けなくなります。それほどのファンタジーが「好きを仕事に」にはあるのです。この考えが「起業家」という名の「自主失業者」を多数生み出し、日本の景気を衰退に追い込んでいます。少々耳が痛い話になってきたかもしれませんが、あの二宮金次郎こと二宮尊徳も「道徳なき経済は犯罪であり、経済なき道徳は寝言である」と言っています。経済も道徳もどちらも大事なのです。だから、どっちもしっかり動かせるように「好き」と「仕事」はある程度距離を保ち、両輪を回していきましょう。

70

好きなことをする最大のメリットは周波数を上げること

――ライフワークで周波数を上げて
ライスワークで現実化する

ライフワークに取り組むと、魂の喜びが回収されるので、自分の振動数、回転数みたいなものがぐんぐんと高まり、高波動な存在になれます。

2章でもお伝えしたように、量子力学の世界では「同じ周波数のもの同士が引き合う」とされていますから、周波数を高めれば高めるほど、それに似た高波動な現実という名のお金やチャンスが舞い込んでくるのです。

ですから、「好きを仕事にする」というよりも「好きで波動を上げる」と考えてみたほうがしっくりくるかもしれません。時間を忘れるほど熱中するような「好き」のエネルギーを利用して周波数を上げ、本業のライスワークでお金を回収するのが、一番生産性が良く、どちらのワークも最高の状態で循環できている状態です。

これを、むりやりライフワークで稼ごうとすると、お金にならない=価値がない、利益にならない=必要とされていないとなって、自己評価が下がり、波動が下がってしまいます。

せっかく「好きでワクワクする」ことがあるなら、その最大出力をうまく利用しましょう。短期目線で結果を求めるのではなく、中長期目線で自分のライフビジョンを見据えていくのです。

71

無料でもいいから
やりたいことに
取り組んでみる

——その希少性があなたの価値を唯一無二にする

「タダ」と「無料」は違います。

タダは価値がないもの、タダで配れるもの。無料は本来有料で提供すべきもので、有料級の価値やエネルギーがあるものです。

これを踏まえた上で、寝ても覚めてもそのことで頭がいっぱいになるくらい好きなことなら、あえて最初は「無料」でかまわないくらいの感覚で提供していくほうが、精神衛生上いいと思います。そして、Ｉｎｓｔａｇｒａｍやメルマガ、ブログ、Ｆａｃｅｂｏｏｋ、Ｔｗｉｔｔｅｒなどのパーソナルメディアを使って「積極的に情熱を発信する」ことは、無料に甘えずしっかりやり切ってみてほしい。このことが「大きな成果を生み出す」につながると信じて。

「無料でもいいからやりたい！」と、目先の利益にならない活動に熱く取り組める時点で、それは誰にも真似できない希少性があります。結果として、そこに圧倒的なオンリーワンブランドが築かれるわけです。

お金をもらわないのに労力と時間を注ぎ込んでいる姿は、端から見たらただのバカかもしれない。それでも、「好き」「ワクワク」「使命」がもつ情熱力、まわりへの伝播力はとても強いです。そんな強みをビジネスと完全に隔ててしまうのはあまりにもったいない。自分の熱量がどこまで通じるか、いさぎよくやってみてください。

72

いさぎよい「〇〇バカ」に人は魅了される

——たった3分で世界を熱狂させた一般人

中途半端なバカじゃなく、全力のバカに、人はどうも魅了されてしまうらしいです。数年前、ＹｏｕＴｕｂｅで「裸の男とリーダーシップ」という映像が話題になったのをご存知ですか。音楽の祭典で、一人の男性がとんでもないムーブメントを巻き起こすまでのわずか3分足らずの映像です。

https://www.youtube.com/watch?v=0VfSaoT9mEM

まず、上半身裸の男性が踊り始めます。最初はみんないぶかしげに見ていましたが、しばらくするとそんな彼に感化されたもう一人の男性が一緒に踊り始めます。最初のフォロワーができた瞬間です。でもまわりの人は「一体何をしているの？」と疑問しか湧いてきません。ところが一人目のフォロワーがもう一人の仲間を呼び込み、一人また一人と賛同者が増えていき、３分も経たないうちに画面に映り切らないほど大勢の人たちが踊りだしました。

その場にいた人たちも、映像を見た何十万人もの視聴者も、理屈抜きで愛すべき裸の男を褒めたたえたのです。「○○バカ」と称されるほどやりたいと思えることがある人は幸運なこと。そのバカをどこまで伸ばせるかが肝です。徹底的に没入できるその才能を使って、自己ブランドの価値を高めていってください。最初のフォロワーができた瞬間から、人々を熱狂させるまで光の速さで現実は変わっていきます。

73

狭い範囲で熱狂させていくこと

——異常な盛り上がり方をメディアは放っておかない

ビジネスを始めた最初は、多くの人に知ってもらう活動よりも狭い範囲で熱狂させていくこと、少数でいいので価値を提供することが有効です。ビジネスを拡大させていくために、あえて一部だけを熱狂させていきましょう。

人からなんとなくすすめられたお店はすぐ忘れてしまいますが、熱狂している人から熱くプレゼンされたお店はなかなか忘れませんよね。話題が盛り上がって、その場ですぐにスマホ検索して予約しちゃう人もいるかもしれません。

そんな熱狂ぶりと伝播力によって、いつしか話題が話題を呼び、異常な状態を察知したメディアが興味を示してくる可能性も多いにあります。メディアは、基本的に、普通のことは取り上げません。異常な状態だからこそ、飛びついてネタにしたがるのです。つまり、取り上げたくなるほど、巷で話題にさせればいいわけですね。

これは、ハロウィンの盛り上がり方と一緒です。渋谷のハロウィンはもともと小さな範囲で自然発生的に始まったもので、その熱狂ぶりが一気に広がり、たった数年で警察も出動するほどの盛り上がりになりました。

そのきっかけは、少数であっても熱狂的になってくれる理解者です。だから、影響力や発信力がないと諦めずに、クローズドでもいいので、自分の価値観をしっかり表現していくこと。時が満ちたら必ず、スケールするときが来ます。

SENSEFULL WORK

74

自分だけの成功法則を見つけよう

——ライフワークとライスワークのバランスは人それぞれ

好きな有名人がやっていたから、仲間がやっていて楽しそうだったから、そういう他人のキラキラした姿を自分の夢のように錯覚してしまうことがあります。でも、借り物の夢なので次第に心がときめかなくなり、続かなくなるわけです。ノウハウについても同じ。誰かがうまくいっていたから、ベストセラーの本にそう書いてあったから。たしかに参考にする価値は十分にあると思いますが、それらはあくまで誰かの成功法則であって、自分の成功法則ではありません。

「法則」という言葉を辞書で引くと、同じ環境や状況下において規則性があることを意味しています。ですから、環境が違えば法則だって崩れるというわけです。生まれた年代、性別、職種、住んでいる土地、あらゆる環境があるのだから、他人の成功法則をそのままトレースしても噛み合いません。成功にたどりつく法則は自分で作っていく他ないのです。他人の経験や自分のこれまでの経験を組み合わせて、望む未来を描いていくことが、結果として自分の成功法則になります。

起業家にとってもっとも大事な仕事は、二番煎じ的な成功ではなくて自分オリジナルの成功法則を見つけることです。人生全般における成功もしかり。ライフワークで金銭的に成功する人もいれば、ライフワークとライスワークを分けたほうが精神衛生的にも金銭的にも豊かになれる人だっている。自分だけのベストバランスがあります。

75

「心地いい」感覚を見逃さない参拝が成功法則探しにつながる

――神社のお賽銭はいくらが正しいのか

昨今は神社に興味をもつ人が増え、さまざまな参拝マナーの情報が流れてきます。例えば「お賽銭の額はいくらがいいの？」という疑問に対して、「5円がいい」と言う人もいれば16円、115円、500円説もありますし、「お札を入れましょう」と言う人もいます。でも、正直どの金額をお供えしたら願いがかないやすくなるとか、ないと思うのです。もしかすると専門的に神道を学ぶと、明確な答えがあるのかもしれませんが、結局は自分の気持ち次第ではないでしょうか。自分が気持ちよく参拝できる金額を入れれば良いのです。硬貨のなかでも一番大きな500円玉を入れると気持ちがいいとか、硬貨がジャラジャラと音を立てて賽銭箱に入っていくのが好きとか、新札でお渡しすると気持ちがスッキリするとか、それぞれの感性があるはずです。

私の場合、音を鳴らしたいので硬貨を3枚以上入れるようにし、鐘をカランカランと鳴らしてから柏手を打ちます。そして3章でもお話しした通り「私をこき使ってくださ い」と神様にお祈りするのです。こうした自分の「心地いい」感覚を見逃さない参拝が、自分だけの成功法則探しにつながっていきます。現代は人差し指でなんでも情報が検索できる時代。困ったらすぐにネット上の誰かに聞けるので、思考停止に陥っている人が少なくありません。現代人の眠ってしまいがちな「感じる力」を呼び覚ました人から、センスフル・ワーカーになり、そして成功者になっていけるのです。

76

一人ひとりの人生が「アート作品」

——一極集中の時代から一物一価の時代へ

昨今は「風の時代」「みずがめ座の時代」だと、西洋占星術の世界ではいわれています。なぜ風の時代、みずがめ座の時代なのかという詳しい理論は、西洋占星術家の方の発信を見ていただきたいのですが、多くの専門家が言うには、これからは「一人のカリスマの下に大勢の支持者がぶら下がってついて行くのではなく、みんな横並びになって個としてつながっていく時代になる」らしいのです。

個人がＩＴ技術をもつことで、情報が改ざんされないように管理し合うブロックチェーンの考え方と似ています。

少し前なら、アメリカのＩＴ大手、Ｇｏｏｇｌｅ、Ａｐｐｌｅ、Ｆａｃｅｂｏｏｋ、Ａｍａｚｏｎ．ｃｏｍの頭文字をとった「ＧＡＦＡ」が就職先として人気でしたが、最近はその人気も分散し、エリートがどこかに一極集中する時代でもなくなってきました。あらゆるところでパラダイムシフトが起きているのです。

成功法則だって、自分のオリジナルを見つけていく時代になりつつあります。

一点もののアートと同じように、一人ひとりの人生は一物一価のアートだと考えたら、その価値を高めることで自分に見合ったお金も現実も引き寄せられると思いませんか。

COLUMN

お金を稼いだ瞬間に悲しくなった話

多くの人がお金を稼ぐことを目標にしてしまいがちだけれど、お金はあくまでも手段ですし、どれくらいのお金が自分を幸せにしてくれるかは人によって違うと思っています。

実際に私自身、ある程度お金を稼いだときに、思ったほど幸せではありませんでした。気分がおいてけぼりにされた感覚で、虚しくなったのです。

当時の私は、正直お金を稼ぐことが目的になっていました。ほんの一瞬でしたが、たしかにそんな時期があって、とにかくお金さえあれば何でもできる、自分はそれを自由に使えるという感覚があったのです。

やりたいことやかなえたい夢は、9割くらいはお金があればかなえられます。お金を稼げばたくさんの夢がかなえられる。欲しいものも手に入る。単純に、それが幸せへの近道だと思っていました。

そこで、稼ぐことに気持ちも行動も傾けてみたら、わりとしっかりとした利益を出すことができて、手元にお金が入ってきたのです。さっそく、それまで欲しくても買えていなかったものを次々と買いました。大画面のテレビに、高スペックな高級車。これまでずっと頭のなかにあって、欲しいな～、これがあったらすてきだろうな～と描いていたビジョンを、現実のものにしていったのです。

するとたまらなく泣けてきました。うれしいとか達成感に満たされたとかじゃありません。一気につまらなくなって、虚しくて、悔しくて、どうしようもなく泣けてきたんです。不思議ですよね、あんなに欲しいと思っていたものが手に入ったのに。

私はこのとき「奪われた」と感じてしまいました。これまで自分のなかで自由に思い浮かべることができていた夢のビジョンが現実になったことで、イメージできなくなってしまったから。これから何を目標にがんばればいいのかわからなくなってしまいました。人間って、ビジョンを奪われるとこうも虚しくなるのかと。

お金があれば、できることは増えるかもしれないけれど、それが直接的に幸せを生み出すんじゃないんです。それよりも、私にとっては楽曲がひとつ完成したり、納得できるライブができたりしたときのほうが、ずっと幸福感や充実感が味わえる。たとえそれが赤字だったとしてもです。

これは、ライスワークに振り切ったことも、ライフワークに振り切ったことも、両方あるから見えてきた私の最適なバランス。人それぞれベストバランスは違うから、一度思いっきりどちらかに傾く経験も必要かもしれません。

77

自分だけの聖域を創れば あらゆることが好転しはじめる

——業界の盲点を打ち消し合って稀有な存在になっていく

ライフワークに取り組むようになると、その人はどんどん稀有な存在になっていきます。例えば私が出版プロデューサーという肩書き一本だけで活動していたら、いつまでもその他大勢の才能あるプロデューサーのなかから突出していくことはできません。ですが、「出版プロデューサーでもありミュージシャンでもある」となったら、たちまち稀有な存在になれたのです。ライスワークとライフワークを掛け合わせれば、誰にも侵されない自分だけの聖域が完成していました。

　すると、出版を通して私を知ってくれた人がライブに来てくれるようになり、ミュージシャンの言海祥太に興味をもってくれた人が出版やプロフィールライティングの相談に見えるように。お客様が双方の領域を行き来することで、マーケットがどんどん大きくなっていきました。なぜこうした変化が起きたのかというと、ひとつは他のサービス提供者との差別化が明確になったから。そしてもうひとつは、私が2つの領域を越境することで新たに学び、出版の常識にとらわれない発想、音楽業界の暗黙のルールに縛られない行動をとれているからです。ひとつの業界に浸っているだけではわからない盲点を、2つのワークが打ち消し合ってくれています。

　だから、ライフワークは最初からお金を生み出そうとする必要はなく、経験を積めるだけで十分なメリットになるのです。

78

お金があれば発想力が豊かになる

——生活にゆとりがあれば思考も制限なく広げられる

お金がある人は精神的にゆとりがある人ばかりです。思考に余裕があるので、新しいアイデアも豊富にもっています。

私自身、お金に困って自転車操業状態だった頃があるのですごくわかります。金銭の余裕がなくて目先のキャッシュばかりを追いかけて考えていると、クリエイティブな仕事はできないし、そもそもいいアイデアも生まれてきません。切羽詰まると、良くない条件の仕事でも受けてしまったり、下手に価格を下げてしまったりしてしまいかねません。お金が欲しいはずなのに、結局コスパが悪くなってしまいます。耳が痛いかもしれませんが、経験者が言うので耳を傾けてください。貧すれば鈍します。

逆に、働かなくても2年間自由に暮らせるくらいの額が銀行口座に入っていたら、気持ち的にもゆとりがもてて、自由に制限なく思考を広げることができるでしょう。人間がもつ感性の力を研ぎ澄ましていくためには、やはりお金は大事なのです。

でも、お金はあくまでも手段。稼ぐことが目的になってしまっては本末転倒です。お金は生活を豊かにするだけではなく、心や思考にゆとりをもたせ、自分のクリエイティビティを世の中に発していくために使う便利な手段だということを忘れないでください。このバランス感覚をとりながら、ライスワークでしっかりとお金を稼いでいきましょう。

79

「ワガママ」だからお金持ちになれる

——遠慮していてはいつまでも前に進めない

「お金持ち」って、ちょっとワガママなイメージがありませんか？　お金持ちになったら、人が変わってしまうと思っている人もいるかもしれません。ですがこれは順番が逆で、「もともとワガママだからお金持ちになれる」のだと思います。

まず、「ワガママ」とは何かについて考えてみましょう。パブリックイメージは、自由奔放で自分勝手、まわりの人を振り回す人というイメージだと思いますが、ここでいうワガママは「我がまま」、つまりニュートラルで純粋なその人らしい状態のことを意味します。要は、自分の理想に対して、遠慮なく突き進んでいくタイプということです。

そして、世界を自分が見たいように観ている観察力の高さがあります。「想いの総量」と「観察力」がある人がワガママな状態であり、そこに「行動」が加わることで、一気に理想を現実化していけるのです。

お金持ちに共通しているのは、性格の良し悪しとか、才能とかではありません。ワガママな人なのです。または、前に進むためにはワガママになる必要があると、後天的に悟った人です。

遠慮していたら、躊躇していたら、チャンスは過ぎ去ってしまいます。振り切ってワガママになろうと決意した人から、その他大勢から突き抜けて、お金持ちになっていけるのです。

08

ライフワークとライスワークが交差する日は来る

——継続の先にシンギュラリティは必ずやってくる

ライフワークとライスワークが交差する日、シンギュラリティみたいに、ライフワークがライスワークになるときが来ます。人それぞれのタイミングで、それは必ずやってきます。ですが前提として、やり続けることが重要。本当に自分が魂の喜びを感じていることであれば、たとえお金儲けにならなくてもその活動を続けていくでしょう。魂の喜びの回収が続いていれば、いつかお金として利益がもたらされるようになります。ですから、ライフワークを続けていくためにも着実にお金を回収できるライスワークは並走させていくことが重要です。実は私のライフワークである音楽活動も、徐々にライスワークになりつつあります。ＳＮＳでライブの告知をする機会も増え、ＭＶをＹｏｕＴｕｂｅに公開したり、カラオケでも私のオリジナル曲の配信が始まったりしています。言海祥太のことをミュージシャンとして認識してくださる方が一気に増えたのです。実際に過去２回の大型会場でのライブは、ギリギリ赤字を免れました。つまり、ここに来てお金もついてきたということは、「このまま続けなさい」というメッセージだと思うのです。ライスワークに移行しつつある今、守りに入らず変わらずクリエイションし続けていく姿勢を発信するフェーズに入りました。２０２５年には日本武道館でのライブ開催を本気で目指しています。ライフワークとして始めた音楽活動がライスワークとなり、そしてここからどんな軌道を描くのか、見届けていただけるとうれしいです。

81

走り続けているうちにまわりの人が自分を信じる力を与えてくれる

――考えすぎて動けなくなったらとにかく前のめりになってみる

「やりたいことをやり続ける力」「心からワクワクすることのなかに自分の使命があると信じる力」それらはどこから湧いてくるでしょうか。

これは正直、私にもわからない。というか、どの道が自分の魂にとっての正解なのかは、誰にもわからないと思っています。

それでも私が音楽活動にこれだけ没入できている理由は、もう単純に好きだから、楽しいから、ワクワクするから。さらに言うなら、もう今さら音楽活動を諦めるほうが面倒くさい領域まで来てしまいました。お金もかかるし、けっこう自分を追い込んでいるほうだと思います。辞めたほうが楽になるのかなと頭をよぎることもありますが、もう辞めることのほうが面倒くさい場所まで多くの人を巻き込んで進んできました。

つまり、自分を信じる力を自ら創り出せるとするなら、もう辞めるのが面倒になるところまで前のめりになってみることです。

自分には向いてないんじゃないかとか、うまくいかなかったらどうしようとか、考えすぎて動き出せずにいるのはもったいない。とりあえずやってみて、動きながら考えていけばいいのです。

走り続けるうちに、まわりの人が、信じる力を自分に与えてくれます。

82

チャレンジする資格は誰にでもある

――私たちは皆生きているだけで価値がある存在

がんばらずしてお金をいただいちゃいけない。努力もせずにお金儲けをしてはいけない。給料は働いた分だけもらえる。こうした考え方は根強くあると思います。「働かざる者食うべからず」というやつです。日本人の美徳としてこうした考え方は根強くあると思います。私自身も少なからずこうした想いがあります。

ですが、これらが単なる思い込みだとしたら？　努力している人には価値がある。資格があるから価値がある。働いていることが偉くて、働いていなかったら偉くない。そんな判断基準はまったくの思い込みではないでしょうか。私たちの価値は、「している　ｏｒ　していない」「もっている　ｏｒ　もっていない」そんな単純なＹＥＳ　ｏｒ　ＮＯでは決められません。なのに私たちはつい、自分の価値を証明しようと努力したり身を粉にして働いたりして、それがかなわなかったら自己肯定感を下げてしまいます。

本当は、私もあなたもみんな「存在している」だけで価値があるのです。ただそばにいてくれるだけでとくに何もしなくても給料がもらえる「存在給」というものも世の中にはあるくらいです。実際に給与として対価をいただいている人は稀だと思いますが、それでも人間は「ただいる」だけで価値があるのは本当です。まずはこの単純な価値基準に立ち返ってみてください。それだけで自己肯定感が高まり、一つ二つとチャレンジする気持ちが芽生えていくでしょう。

83

ライフワークの震源地にある想いには注意が必要

——ライフワークの条件、それは愛があること

ライフワークをするなら、「こんなものがいい」という基準はありません。

自分の心が反応するもの、ワクワクすること、無料だとしてもやり続けたいこと、魂から喜んでいる感覚のある「悦」の域を感じられるもの、そうしたものなら、ライフワークだと自信をもってください。

ただひとつ注意点があるとすれば、ワクワクや悦るときの震源地はどこか？　ということです。

震源地にある想いが、誰かを騙して搾取してやろうとか、おとしめてやろうとか、そういうネガティブで攻撃的なものなら止めたほうがいい。一過性で稼げることはあるかもしれませんが、そもそも周波数が良くありませんし、一気に足元をすくわれるような急降下が待っているでしょう。

ライフワークの震源地には、自分の愛があること。

これだけが唯一の条件です。

ちなみに「ワーク」といっても、お金が必ず絡む必要はありません。ここでいう「ワーク」は、「活動」といった意味合いです。

クラブ活動やボランティア活動でもライフワークになります。商業行為だけにとどまらず、自分の愛を震源地とする活動なら、それがライフワークです。

84

魂の喜びは仏様や神様とつながる神聖な行い

――修行を積む「生業行」と仏の心の「菩薩行」

仏教の世界には「菩薩行」と「生業行」という考え方があるそうです。これが、ライフワークとライスワークに通ずる興味深い話でしたので紹介させてください。

私たち人間は、日常的に野菜や動物などの命をいただきながら生かされています。生きているだけで罪をおかさざるを得ないので、修行を積む必要があるのです。その修行こそが「生業行」、各々が抱えている仕事です。

一方で、損得勘定抜きで世の中に自分の天賦の才を還元していく働きを「菩薩行」といいます。私たちが心からやりたいと願うことは、一人ひとりのなかにいる「菩薩」の心によるものだそうです。そう考えると、夢をかなえることに何を遠慮する必要があるだろうかという想いがしてきます。

このように、同じ「行」でも菩薩行と生業行には大きな違いがあるので、混合するとうまくいかなくなるそうです。菩薩行をむりやり生業にしてお金稼ぎしようとすると、苦しくなってしまうのはこのためです。はるか昔から、人々はライフワークとライスワークを切り分けていたんですね。

そして魂の喜びは仏様や神様とつながる神聖な行いであることに間違いはありません。この違いを理解すれば、私たちはもっと生きやすくなるのではないでしょうか。

85

やりたいことへの執着心を抱きチャレンジの痛みすら歓迎しよう

――好きなことを続けて恐れや痛みを感じたらそれは歓迎すべき大切なもの

執着心は良くないというパブリックイメージって、なぜかありますよね。執着心は次なるステージへの足かせになるから手放したほうが良いといった話です。

けれど、私は好きなことへの執着心はもっていてもいいし、むしろ抱きしめてほしいと思っています。「好き」の感情は大切なものだから。

でも、どんなに好きでも人や社会からなかなか評価されないとか、お金儲けにつながらないとか、さまざまな理由で執着を手放していく人もいます。

そもそも、自分の「好き」という感情から始まったのに、他人からの評価を求めてしまっては苦しくなって仕方ありません。

好きなことなら、やりたいことなら、たとえバズらなくても、視聴者数がゼロでも、いいね！　がもらえなくても続けてほしい。チャレンジすれば、痛みが伴うのは当然です。痛みがあるということは、前進している証拠。怖いと感じるのは、現状に甘んじずチャレンジしている証拠です。現状維持の人たちは、壁にぶち当たることすらないのですから。

だから、今恐怖を感じているなら、壁にぶつかって痛いと感じているなら、それは歓迎すべき大切な感情です。自分を褒めて抱きしめてあげてください。執着心を手放さなければ、まだまだ先に進んでいけます。

COLUMN

視聴者がたったの2でも成功したYouTuberの話

私の知り合いにスピチューバーの美湖さんという方がいます。スピリチュアルメッセージを発信している人気YouTuberであり、作家でもあり、音楽活動もされている方です。

そんな、今でこそ大人気インフルエンサーの彼女がスピチューバーになる前、実は私のところにグループコンサルティングを受けに来てくれていました。私は彼女に「ライブ配信をするといいよ」とアドバイスしたことを覚えています。

数日後、深夜にたまたまFacebookを開いたら、彼女がライブ配信をしているのを見つけました。お！　美湖さんがんばってるんだな！　そう思って覗いてみたら、彼女は宇宙語（ライトランゲージ）をひたすら喋っていました。高次元からのメッセージをチャネリングしておろすもので、独特の歌声のような声で喋るのが特徴です。

ふと視聴者数を見てみたら、「2」。そのうちの一人は私ですから、あとひとり誰かが見ているだけのようでした。

美湖さん本人はほとんど瞑想状態のような感じで喋り続けている……。視聴者数が1だろうが2だろうが、たとえ0だろうが変わらないであろう集中力で、深夜のチャネリング配信は何十分も続きました。そのとき、私は彼女の純粋な「好きだから続けられる」執着心を感じたんです。

美湖さんは、今では登録者数10万人超えのYouTuberです。でも、10万人のときと、2人のときと、彼女がやっていることはほとんど変わっていません。おそらく、美湖さん自身がやりたいことをやり続けているから、そこにブレがないんです。彼女にとって、視聴者数はそんなに関係なくて、ただ好きでやりたいことをやり続けているだけなんですね。その執着心は、尊敬に値すると思います。

やり続けるって、けっこう泥臭いことも多いです。私だって、ライブのステージでスポットライトを浴びているのはほんの数時間だけ。それ以外は、何百時間もの地味で泥臭くて採算が取れない活動ばかりに時間を割いています。もしも、評価されることやバズることがゴールだったとしたら、ここまでやれていません。他者評価じゃなくて、自分の魂の喜びを回収することが目的だからできることです。

それは、ここまでお話ししてきたとおり、ライフワークは神様や仏様によって仕組まれていることだから。そこに他者評価とか遠慮とかはいらないんですよね。

「やらせていただいている」のだから、これからもとことん執着していきたいです。

おわりに

センスフル・ワーカーを世の中に増やしていきたい

1年に何冊も出版する著者さんもいますが、自分はそういうタイプではありません。数年後、数十年後に読んでも、役立てていただけそうな普遍的なことをお伝えしたいと思ってこの本を書きました。ブームを意識した売れる本より、どんな時代になっても長く読んでいただけるような、シンプルに「いい本」にしたいと思ったんです。

ある意味、私の起業家としての約10年間を通していえる「集大成」が本著です。

ですから、出し惜しみはありません。今、自分が感じていること、伝えたいこと、全部この一冊に凝縮しています。きっと数年後自分で読んでみても、言いたいことはさほど変わっていないだろうと思います。

この一冊を書き上げるまでにたくさんの方々に関わっていただきました。初の試みとして、クローズドの出版応援グループを立ち上げ、メンバー限定で取材の様子や関係者間のやり取りなど、ほとんどオープンにしてきました。実際にリモート取材中に、メンバーからの質問によって話が展開していったこともあり、みんなで創り上げた一冊になったなと思っています。次頁のサンクスページにお名前を記載させていただきました。これ以外の方々にもお礼を申し上げます。本当にありがとうございました。

本書を制作している最中には、出版記念講演となるＺｅｐｐ Ｓｈｉｎｊｕｋｕ（ＴＯＫＹＯ）でのライブが決まり、そして、２０２４年８月７日の東京国際フォーラムでのライブも決定するなど、どんどんライフワークが加速していきました。こうしてひとつずつマイルストーンを置きながら、２０２５年には日本武道館でのライブ講演を目指しています。もちろん、これまでのように、ライスワークとライフワークを行き来しながら。自分自身のセンスを多方面から刺激して、持てる価値を世の中に全部出していきたいです。

そして、そんなセンスフルな生き方をするセンスフル・ワーカーを世の中にもっと増やしていきたい。あなたにも、センスフルな生き方が必ずできます。右脳だけ、左脳だけ、経済だけ、夢だけ、そんな片方に埋没する人生じゃなくて、自分だけの最適なバランスで、持てる才能を全方位に発揮していきましょう。

そんな自分の人生をいきいきと進み、輝きながら進んでいく皆さんと、いつかリアルでお会いできるのを楽しみにしています。

言海祥太

SPECIAL THANKS

江森奈々
石田真紀（まっきー）
青木メグ
松田なみ
荒木洋子
中井裕子
宮坂義行
柳原陽子
神谷理恵
かわさきなおこ
蘭世 －oriental rose magic－
菊池和子
ほしまり
大和 朋子
神 悟子
NORI
清水晶
横手真知子
岩間均
大西りつ子
TOMOZO
小林あきこ
真那小
嶋田美津江
鈴木 眞理子
渡辺そら
鈴木千浩
YukkyMuse友紀
加藤 さえ
内藤しおり
Saori.U
三本 直子
Aroma Acco
Chuu Ito
久保田 優子
宮下 怜
高田 洋平
森 あや
内田 奈名子
櫻井 千恵

言海祥太公式LINEにご登録で
もれなくもらえる
書籍購入者限定プレゼント

「やりたいことと経済的自由を両立する
ビジネスのはじめ方動画セミナー」

「センスフル・ワーク出版記念講演会」

の映像
合計2本を無料プレゼント！

言海祥太
SHOTA GENKAI

合同会社 余白製作所 クリエイティブ・プロデューサー
エバーグリーン・パブリッシング株式会社 代表取締役
一般社団法人バイタライザー 代表理事

2014年、エバーグリーン・パブリッシング株式会社を創業。出版・販促プロデューサーとして手掛けた累計発行部数はこれまで150万部以上。デジタルコンテンツのプロデュースはこれまで10億円以上の売上を記録し会員数は延べ68,000名を超える。中小企業、個人事業主向けのWEBマーケティング支援やメディアプロデュースを行う傍ら、自身もビジネスアーティストとして音楽活動を精力的に活動。出雲大社他、多数神社で歌唱奉納やジャズの名門コットンクラブ、ビルボードライブ東京やZepp shinjuku(TOKYO)にて精力的にライブ開催。また、自身オリジナルアパレルブランド「attitude」の立ち上げなど活動範囲は多岐に渡る。2022年、クライアントのアーティスト性を開花させる「ブランディングフォトグラファー」として活動を行い、写真と言葉を添えたブランドサイトの制作する合同会社 余白製作所を立ち上げ、クリエイティブ・プロデューサーに就任する。著書に、了戒翔太名義で『自己啓発って言いたくないけど、でも誰かを啓発する言葉』、『センスフル・ワーク』(共にかざひの文庫)がある。

センスフル・ワーク

やりたいことと経済的自由を両立する生き方

言海祥太 著

2023年8月22日 初版発行
2023年8月26日 2刷発行

発行者 磐崎文彰

発行所 株式会社かざひの文庫
〒110-0002 東京都台東区上野桜木2-16-21
電話/FAX 03(6322)3231
e-mail : company@kazahinobunko.com
http://www.kazahinobunko.com

発売元 太陽出版
〒113-0033 東京都文京区本郷3-43-8-101
電話 03(3814)0471 FAX 03(3814)2366
e-mail : info@taiyoshuppan.net
http://www.taiyoshuppan.net

印刷・製本 シナノパブリッシングプレス

編集協力 山下美保子
装丁 BLUE DESIGN COMPANY

ISBN978-4-86723-141-8